本书的出版得到了河南财经政法大学国际经济与贸易学院的资助

经济管理学术文库·经济类

中国农地非农化的制度变迁和创新

System Change and Innovation of Farmland Conversion in China

任保显 / 著

图书在版编目（CIP）数据

中国农地非农化的制度变迁和创新 / 任保显著. —北京：经济管理出版社，2019.10

ISBN 978-7-5096-6557-2

Ⅰ. ①中… Ⅱ. ①任… Ⅲ. ①农业用地—非农化—农地制度—研究—中国 Ⅳ. ①F321.1

中国版本图书馆 CIP 数据核字（2019）第 226992 号

组稿编辑：杨　雪
责任编辑：杨　雪　董必俊
责任印制：黄章平
责任校对：陈晓霞

出版发行：经济管理出版社
　　　　　（北京市海淀区北蜂窝 8 号中雅大厦 A 座 11 层　100038）
网　　址：www.E-mp.com.cn
电　　话：（010）51915602
印　　刷：三河市延风印装有限公司
经　　销：新华书店
开　　本：720mm×1000mm/16
印　　张：10.5
字　　数：182 千字
版　　次：2019 年 10 月第 1 版　2019 年 10 月第 1 次印刷
书　　号：ISBN 978-7-5096-6557-2
定　　价：55.00 元

·版权所有　翻印必究·

凡购本社图书，如有印装错误，由本社读者服务部负责调换。

联系地址：北京阜外月坛北小街 2 号
电话：（010）68022974　　邮编：100836

前　言

城镇化已经成为经济发展、实现现代化的必由之路。新型城镇化以"城乡统筹、城乡一体、产业互动、节约集约、生态宜居、和谐发展"为基本特征。这意味着城镇化的过程既不能以生态和环境为代价，也不能牺牲粮食生产和农业发展。

国家统计局发布报告显示，1949年末，我国常住人口城镇化率仅10.6%，党的十一届三中全会之后随着改革开放政策的不断推行和深入，城镇化水平进入到快速发展阶段。2011年末，常住人口城镇化率达到51.3%，工作和生活在城镇的人口比重超过了50%，比1978年末提高33.4个百分点，年均提高1.01个百分点。党的十八大提出"走中国特色新型城镇化道路"，我国城镇化进入规模和质量并重的新阶段。2018年末，常住人口城镇化率比2011年提高8.3个百分点，年均提高1.2个百分点；户籍人口城镇化率达到43.4%，比2015年提高3.5个百分点，年均提高1.2个百分点；常住人口城镇化率达到59.6%，比1949年末提高48.9个百分点，年均增长率为0.71%。城镇化意味着生产要素和经济活动向城镇聚集，从而促进技术进步，带来效率提高，形成推动经济增长的动力，进而大大提升基层民众的生活水平。中国经济的发展是伴随着城镇化进程不断加快的过程，然而，城镇化的发展也带来农村土地转移、农地浪费、土地资源使用效率低下、土地质量退化、耕地面积缩减、粮食总产量下降、人地分离等一系列土地危机和社会危机。因此，近几年的中央"一号文件"一直把农地制度改革放在重要的位置。

2019年，中央一号文件关于"深化农村土地制度改革"详细指出，"保持农村土地承包关系稳定并长久不变，研究出台配套政策，指导各地明确第二轮土地承包到期后延包的具体办法，确保政策衔接平稳过渡。完善落实集体所有权、稳定农户承包权、放活土地经营权的法律法规和政策体系"。同时指出，"坚持农村土地集体所有、不搞私有化，坚持农地农用、防止非农化，坚持保障农民土地权益、不得以退出承包地和宅基地作为农民进城落户条件，进一步深化农村土地制度改革。在修改相关法律的基础上，完善配套制度，全面推开农村土地征收制度改革和农村集体经营性建设用地入市改革，加快建立城乡统一的建设用地市场"。由此可见，中央深化农村土地制度改革继续向纵深方向迈进。

在此背景下，对我国城镇化过程中农地非农化引起的各种问题进行分析和研究，厘清农地非农化的制度变迁和改革历程，进而推动农地非农化的制度创新，具有一定的理论意义和现实意义。

本书从理论上论证了农地非农化流转过程中充分发挥市场机制的基础性作用机理；通过中国城乡统一的农地非农化市场理论的自主创新，解释了建立中国特色城乡统一的农地非农化市场制度及其体系；从制度层面提出了保证更好发挥市场在农地非农化市场流转和配置中的基础性作用及其社会福利最大化问题。本书的研究结论可以为我国有关立法提供理论与实践依据，为中央政府相关决策提供科学参考，为中央政府和地方政府建立农地非农化流转市场和实现农民的土地财产权益提供科学的实践参考，同时有利于促进包括农地非农化流转在内的我国城乡统一土地市场体系及其科学宏观调控制度的形成，为完善我国社会主义市场经济体制特别是完善现代土地市场体系，土地资源的合理配置与高效利用和促进我国城乡一体化协调发展提供理论参考和实践指导。

本书始终围绕农地非农化的计划手段与市场机制配置问题展开论述，运用整体的结构主义研究方法，将理论概括与数理演绎相结合、定性与定量相结合，理论分析、实证研究和对策研究相互佐证的研究方法，主要从以下五个方面展开研究：

第一部分主要论述本书研究的理论基础、背景意义、思路方法和研究内容，并对现有国内外相关文献进行综述和评价。

第二部分从农地征收机制、农地补偿机制和监管机制等方面对美国、日本和韩国等发达国家城镇化过程中处理农地非农化的制度进行了分析。结果显示，工业化和城镇化的过程势必会对农地数量和自然环境造成冲击，实现经济效益的同时，会产生无形的社会和环境成本，然而通过合理制度安排和制度创新，可以实现城镇化与农地非农化之间的合理平衡，负面冲击是可控的。研究发现，美国、日本和韩国在处理城镇化过程中出现的农地非农化问题的做法主要有以下方面：集约化地利用有限的土地资源，如日本的"圈层模式"；借助于数学模型评估土地转型后的得失，如美国的价值评估方法（UVA）和优惠不动产税评估法（PA）；将农地分区或者分类并制定不同的制度进行区别管理，如韩国将土地分为农业振兴区和农业保护区；建立完备的、能够动态更新的土地法律保护体系等。

第三部分首先回顾了中华人民共和国成立以来我国农地非农化制度的变迁，通过梳理和分析中华人民共和国成立以来近20个具有代表性的有关农地非农化的法律法规，并就浙江嘉兴的"两分两换"模式和中原经济区的"人地挂钩"模式所进行的具体尝试进行了重点论述与分析。其次基于产权理论、要素价格理论和资源配置理论并结合中国"地少人多"、城镇化速度不断加快的实际国情，探究我国农地非农化实际的运行机制，总结出我国农地非农化的"三种实现途径"和"两种存在方式"。研究发现，当前我国城镇化进程依然不断加快，土地要素不断流向城市，但由于各种条件限制，安置政策无法全部到位，因征地释放出的劳动力大量滞留农村，城乡二元结构问题愈发突出，城乡差距不断扩大，影响了经济的持续高效发展和社会的安全稳定。究其原因可以从政府、法律和制度层面进行分析。从政府层面看，在完全的市场经济体制下，政府权力行使失当。从法律层面看，立法滞后，监管力度不够，土地征收和补偿条文上的法律支持仍不够全面；集体土地产权模糊，界限不明，诱使政府、个人以及其他社会组织争相攫取其中的利益。从制度层面看，不合理的土地城镇化模式有违市场经济发展趋势。

第四部分从市场制度创新框架、有形市场体系创新和宏观调控制度创新等方面探讨我国农地非农化制度创新，通过培育土地市场的主体，逐步确立完备的市场规则，最终建立一个在政府有效管制下，城乡统一的、具备良好竞争环境的土地市场结构和创新框架。研究发现，我国农地非农化市场发展路径及框架体系的创新需要构建完善的征地用地、土地市场法律法规和土地市场价格机制，需要转变政府在土地市场中的职能角色，在合理界定供求双方等市场主体的权利义务等方面进行制度创新。同时，构建能够根据社会经济发展需要动态更新的土地资源非农化配置体系、价格管理体系、收益分配体系、市场法律体系和中介服务体系等一系列全方位、多联动的农地非农化流转有形市场体系。在宏观调控层面，理应始终坚持发展、保护与协调并重，据此来构建我国农地非农化的宏观调控制度，以实现保持社会经济高速发展的同时完成农地非农化的优化配置。针对我国农地非农化过程中同时存在的市场失灵和政府失灵问题，在制定宏观调控制度时就应做出针对性划分。在农地非农化的内生性宏观调控中，首先应该有效促进行政性调整政策的市场化推进；其次要突出经济性调整政策的主体地位，合理利用税费和补贴手段，合理调整不同的税种、税率、税目以及相应的计征方法，通过增设惩罚性税种等方式进行经济调控政策的改革；最后在农地非农化过程中由重"数量"转向重"质量"，改革创新社会性调整政策的作用。

通过对国外发达国家农地非农化制度综述，对我国农地非农化制度变迁的回顾和分析，以及我国农地非农化制度创新的探析，我们发现厘清耕地面积和城镇化水平之间的关系是做好农地非农化制度创新的关键，因此有必要对二者之间的关系进行实证分析。

第五部分运用动态面板 GMM 估计方法实证分析了 1996~2013 年河南省 18 个地市的耕地面积变化与城镇化水平之间的关系，发现河南省在 1996~2013 年的耕地面积保持稳定增长态势；基于动态面板数据的进一步分析，发现城镇人口的增加,第二、第三产业的发展以及城市建设用地面积的增加并没有导致耕地面积的显著减少,反而对耕地面积有一定的乘数作用;河南省城镇人口比重在19.35%~32.15%变动时,随着城镇化水平的提高,耕地面积反而增加,耕地面积变化与城镇人口比重变化之间呈现出倒"U"型的曲线关系。实证结论说明进行必要的制度创新,可以在促进城镇化水平不断提高的同时,保证耕地面积不减反增。可以说,制度创新是农地非农化向健康方向发展的保证。

根据以上各部分研究结论,最后提出了城镇化过程中农地非农化的制度创新的五个目标以及围绕这些目标提出五个政策建议和创新措施:①加强资源总价值观,健全土地收益分享机制;②改革土地产权制度,完善征地补偿办法;③规范政府行为,严格管控征地后的投资开发;④合理规划土地利用,加强农地保护;⑤提高工业化水平,推动城镇化高质量发展。

本书的研究具有一定的学术价值和应用价值。

本书研究成果的学术价值主要体现在:首先,在城乡发展一体化视角下,把农村土地市场、土地征收市场和城市土地市场三者统一起来,放在建立的统一市场理论框架内进行系统研究,从理论上论证为什么农地非农化流转也要充分发挥市场机制的基础性作用;其次,通过中国城乡统一的农地非农化市场理论的自主创新,从理论上解释如何建立中国特色城乡统一的农地非农化市场制度及其体系,如何才能从制度上保证更好发挥市场在农地非农化市场流转和配置中的基础性作用及其社会福利最大化问题;最后,在一定程度上丰富了现代市场理论、现代产权理论和现代土地经济学理论等。

应用价值主要体现在:本书的研究结论可以为我国有关立法提供理论与实践依据,为中央政府相关决策提供科学参考,为中央政府和地方政府建立农地非农化流转市场和实现农民的土地财产权益提供科学的实践参考,同时有利于促进包括农地非农化流转在内的我国城乡统一土地市场体系及其科学宏观调控制度的形成,对完善我国社会主义市场经济体制特别是完善现代土地市场体系,土地资源的合理配置与高效利用和促进我国城乡一体化协调发展提供理论参考和实践指导。

由于笔者水平有限,编写时间仓促,所以书中错误和不足之处在所难免,恳请广大读者批评指正。

目　录

第一章　绪论 ··· 1

 第一节　研究背景、意义 ··· 1
  一、研究背景 ··· 1
  二、研究意义 ··· 3
  三、概念界定和理论基础 ··· 3
 第二节　文献综述 ··· 9
  一、国外研究综述 ··· 9
  二、国内研究综述 ··· 12
  三、国内外研究现状评述 ·· 29
 第三节　研究内容和创新点 ··· 30
  一、研究内容 ··· 30
  二、研究的重点、难点 ·· 32
  三、创新点 ·· 32
 第四节　研究思路和方法 ·· 33
  一、研究思路 ··· 33
  二、研究方法 ··· 34

第二章　国外市场经济国家土地市场制度分析 ······································ 36

 第一节　美国：合理协调城市化的发展与农业用地的保护 ············· 41

一、美国的土地管理制度 ………………………………… 43

二、美国城镇化过程中的农业用地保护 ………………… 46

三、美国的农业用地非农化的其他影响因素 …………… 49

第二节 日本：政府导向的"集约型"土地规划 …………… 51

一、日本的土地管理制度 ………………………………… 51

二、日本的农业用地非农化 ……………………………… 56

第三节 韩国：与日本相似的土地管理 …………………… 57

一、韩国的土地管理制度 ………………………………… 58

二、韩国的农业用地非农化 ……………………………… 62

第四节 结论和启示 ………………………………………… 63

第三章 我国农地非农化制度变迁分析 ……………………… 65

第一节 我国农地非农化制度变迁历程 …………………… 65

一、新中国成立后到改革开放前 ………………………… 67

二、改革开放后到 20 世纪末 …………………………… 69

三、21 世纪以来 …………………………………………… 71

第二节 我国农地非农化制度创新实践 …………………… 72

一、浙江嘉兴"两分两换"模式 ………………………… 73

二、中原经济区"人地挂钩"模式 ……………………… 75

第三节 我国农地非农化运行机制分析 …………………… 78

一、土地资源非农化配置方式呈动态变化 ……………… 78

二、基于现代产权理论的城乡土地使用权权能一致性 … 80

三、农地非农化流转市场理论和作用机制 ……………… 81

第四节 我国农地非农化制度特征及原因分析 …………… 84

一、政府与经济关系方面 ………………………………… 85

二、集体土地产权制度方面 ……………………………… 87

三、土地价格市场化方面 ………………………………… 88

四、立法和监管方面 ································· 89

　第五节　本章小结 ······································· 91

第四章　我国农地非农化市场制度创新分析 ···················· 93

　第一节　农地非农化市场制度创新框架 ···················· 93
　　一、土地市场法律法规和价格机制创新 ················· 93
　　二、政府在土地市场中的职能角色转变 ················· 94
　　三、供求双方的市场主体权利义务界定 ················· 95

　第二节　农地非农化流转有形市场体系创新 ················ 95
　　一、土地资源非农化配置体系 ························· 95
　　二、农地非农化价格管理体系 ························· 98
　　三、农地非农化收益分配体系 ························· 102
　　四、农地转非农用地的市场法律体系 ··················· 106
　　五、农地转非农用地的中介服务体系 ··················· 110

　第三节　农地非农化宏观调控制度创新 ···················· 112
　　一、农地非农化宏观调控的理论依据 ··················· 112
　　二、当前农地非农化宏观调控的问题 ··················· 113
　　三、农地非农化宏观调控创新 ························· 115

　第四节　本章小结 ······································· 116

第五章　耕地面积与城镇化程度关系的实证分析 ················ 118

　第一节　文献回顾 ······································· 119
　第二节　初步的经验观察 ································· 120
　第三节　耕地面积与城镇化程度关系的实证分析 ············ 122
　　一、指标选取和数据统计描述分析 ····················· 123
　　二、模型设定和估计 ································· 124
　　三、实证结果分析 ··································· 126

第四节　结论及启示 …………………………………………… 127

第六章　农地非农化制度创新目标和政策建议 …………………… 130

第一节　农地非农化制度创新目标 …………………………… 130

一、明晰的土地产权制度 …………………………………… 130

二、统一的土地市场体系 …………………………………… 131

三、高效的土地行政体系 …………………………………… 132

四、科学的土地规划体系 …………………………………… 133

五、完善的土地法律保障体系 ……………………………… 133

第二节　农地非农化制度创新的政策建议 …………………… 134

一、加强资源总价值观，健全土地收益分享机制 ………… 134

二、改革土地产权制度，完善征地补偿办法 ……………… 135

三、规范政府行为，严格管控征地后的投资开发 ………… 136

四、合理规划土地利用，加强农地保护 …………………… 136

五、提高工业化水平，推动城镇化高质量发展 …………… 137

参考文献 ……………………………………………………………… 139

后　记 ………………………………………………………………… 153

第一章 绪论

第一节 研究背景、意义

一、研究背景

随着党中央、国务院在不同历史阶段适时制定的一系列推进城镇化水平的政策措施的落实，2011年12月，我国城镇人口首次超过农村人口，标志着城镇化达到新的水平。1950年，我国城镇化水平为11.2%，2017年末达到58.5%，增长5倍之多。然而，相比较发达国家将近80%的城镇化率，我国的城镇化水平还有一定的差距，推进"城乡统筹、城乡一体、产业互动、节约集约、生态宜居、和谐发展"的新型城镇化依然是目前我国面临的主要任务和社会结构长期演化的一个趋势。[①]

城镇化意味着生产要素和经济活动向城镇聚集，促进技术进步，带来效率提高，形成推动经济增长的动力，进而大大提升基层民众的生活水平，中国经济发展是伴随着城镇化进程不断加快的过程。然而，城镇化的发展也带来农村土地转移、农地浪费、土地资源使用效率低下、土地质量退化、耕地面积缩减、粮食总产量下降、人地分离等一系列土地危机和社会危机。因此，近几年的中央"一号文件"一直把农地制度改革提到重要的位置："推进农村土地征收、集体经营性建设用地入市、宅基地制度改革试点。"[②] 2018年中央

[①] 王振宇. 耕地破坏程度鉴定思考[J]. 中国土地，2015（5）：30-31.
[②] 李大威. 城镇化进程中农地非农化机制与制度创新研究[D]. 郑州大学硕士学位论文，2013.

一号文件又提到"深化农村土地制度改革",明确指出:"系统总结农村土地征收、集体经营性建设用地入市、宅基地制度改革试点经验,逐步扩大试点,加快土地管理法修改,完善农村土地利用管理政策体系。"

此前,党的十七届三中全会通过的《中共中央关于推进农村改革发展若干重大问题的决定》指出:"改革征地制度,严格界定公益性和经营性建设用地,逐步缩小征地范围,完善征地补偿机制。""允许农民依法通过多种方式参与农村集体土地建设非公益性项目的开发经营。逐步建立城乡统一的建设用地市场,抓紧完善相关法律法规和配套政策,规范推进农村土地管理制度改革。"这在总结我国30年来经济体制改革的实践,从完善我国社会主义市场经济体制特别是现代土地市场体系出发,对更好发挥市场配置土地资源的基础性作用和实现农民的土地财产权益提出了新要求。

改革开放以来,在加速推进城镇化过程中,由于土地市场制度尤其是征地制度改革滞后,农村与城市、集体与国有、农业与工业用地分别治理的格局仍然没有得到根本的改变,我国建设的土地市场主要用于城市国有土地的垄断流转,而农地非农化流转实际上进入了隐形市场,缺乏法律的规范与保护,土地市场的城乡二元结构问题十分突出,整体土地市场效率较低,在不同程度上土地价格不能真实反映土地资源稀缺程度及其市场供求关系,导致土地资源浪费现象严重,看似低成本的中国工业化和城市化付出了沉重的资源环境代价,农民的土地财产权益受到较大侵害,由此引发的社会矛盾与稳定问题十分突出,在很大程度上影响着我国市场经济体制的完善和中国经济社会的可持续与和谐发展。[①]

因此,有效梳理农地非农化的制度变迁和改革问题,进而推动农地非农化的制度创新已经成为当前理论研究的热点和进行改革创新的重点。

---

① 许德林,欧名豪,肖霖. 1997—2008年青岛市农地非农化过程与效果实证研究[J]. 中国土地科学,2010,24(1):9-14.

二、研究意义

本书研究具有重大的理论和应用意义。

理论意义：本书在城乡发展一体化视角下，把农村土地市场、土地征收市场和城市土地市场三者统一起来，放在建立的统一市场理论框架内进行系统研究，具有重要理论创新意义。主要体现在：一是从理论上论证为什么农地非农化流转也要充分发挥市场机制的基础性作用；二是通过中国城乡统一的农地非农化市场理论的自主创新，从理论上解释如何建立中国特色城乡统一的农地非农化市场制度及其体系，如何才能从制度上保证更好发挥市场在农地非农化市场流转和配置中的基础性作用及其社会福利最大化问题；三是在一定程度上丰富了现代市场理论、现代产权理论和现代土地经济学理论等。①

应用意义：一是为我国有关立法提供理论与实践依据；二是为政府相关决策提供科学参考；三是为建立农地非农化流转市场和实现农民的土地财产权益提供科学的实践参考；四是对促进包括农地非农化流转在内的我国城乡统一土地市场体系及其科学宏观调控制度的形成，对完善我国社会主义市场经济体制特别是完善现代土地市场体系，对土地资源的合理配置与高效利用和促进我国城乡一体化协调发展具有重要现实意义。

三、概念界定和理论基础

1. 基本概念界定

城镇化是指经济发展过程中，劳动、资本、技术和土地等生产要素不断由农村向城镇转移的过程，是生产力发展到一定阶段之后，通过生产要素的聚焦实现知识、技术的外溢进而实现规模经济的发展的必经过程。城镇化过程的表现主要有城镇农村人口比例的变化、产业结构的升级、土地用途的改变等，可以从人口学、地理学、社会学、经济学等多个学科进行城镇化水平

---

① 崔福生. 我国城市化进程中农地非农化问题研究 [D]. 辽宁大学硕士学位论文，2010.

的度量。

农地非农化最基本的含义即农业用地用于非农生产或者其他用途的过程。从资源配置角度,农地非农化是土地资源由农业部门向非农部门流动的过程(谭荣和曲福田,2006);从土地性质角度,是农业用地向居住、交通、工业和服务业等其他领域转化的过程(张宏斌,2001);从产权属性角度,是集体土地向国有土地转化的过程。

2. 理论基础

(1) 产权与制度变迁理论。科斯(Ronald H. Coase)和诺斯(Douglas C. North)是产权理论的代表人物。产权理论认为,产权是指财产所有权,是所有权人依法对自己的财产享有占有、使用、收益和处分的权力。产权清晰是市场经济得以高效运作的前提条件,产权模糊会导致市场运作的低效,甚至无效。明晰的产权是市场经济不可或缺的一部分。[①] 产权理论与制度之间存在着密切的联系,制度决定着产权是否明晰,因此,对制度的研究,必须先对产权理论进行深入的分析。而对产权理论的分析也离不开制度的建立、制度的演化、制度的变革等。在制度的变革上,诺斯曾指出在现实中,由于外生的技术与人口等影响,使经济体制中最初的制度安排变得不再适应现实,就需要衍生出新的制度体系来适应现实的变化。在制度变迁中要素的禀赋和产品的需求度的改变打破了原本的制度,进而发生由于要素丰裕度不同而出现利益上的分割与争端,因此改变制度是刻不容缓的。以我国城乡之间要素交换为例,从制度变革视角出发可以发现相较于改革阶段制度的不完善与改革后经济平稳状态下的城乡差距,我国城乡要素交换存在着扭曲。不仅仅体现在随着城市各项制度的完善与城市经济的发展,推动资本、劳动力、土地等各项要素向城市流入,而乡村发展的落后导致要素的流入极少,进而产生城乡之间要素分配不公的现象;要素丰裕度的不同也致使城乡间的要素价格不同,产生要素价格差。由此可见土地要素在城乡之间亦存在着差距,并成

---

① 冯国强. 浅议新型城镇化与中国经济发展的关系 [J]. 农村·农业·农民(B 版),2015 (5):40.

为土地制度改革的动力因素,而制度的改革又映射出在不同阶段的产权性质、交易方式和组织形式。

市场机制的改变无疑是影响经济增长的重要因素,在机制中市场竞争机制的建立与产权定义的明确带来交易效率的提高成为影响经济增长的一大因素。① 在产权理论与市场制度之间的关系中,制度决定着产权的定义是否明确,但在市场不起作用时,真正的影响因素是产权定义的模糊不清。从而可以看出土地制度改革的根本任务不在于单纯的土地制度的变革,而是土地产权形式的明确与改变以及完善,而产权形式中包括培养完整的所有权主体意识和所有权与控制权,以及使土地价格成为分配农业土地资源的信号。由此可见,我国现存的土地制度将城市与乡村之间的土地市场分开,以及存在土地所有权在国有和集体所有中模糊的状态,这正体现了产权形式的界定模糊不清,因此需要一个明确界定和能够良好实施的产权制度,并在合适制度的基础上将土地资源的外部成本内部化。观察我国以往对土地制度的改革与完善,发现我国在土地制度的调整与变革上致力于相关法律法规的完善与土地分配效率的提高,采取以土地价格为分配农业土地资源的信号并在此基础上达到良好的效应,由此可见制度改革理论的适用性。② 在有效市场制度的基础上,强有力的宏观政策对制度实行的推动也是必不可少的,在两者配合下使土地制度的完善与调整有了保障。

(2)要素价格理论。最基本的生产要素包括土地,"土地为财富之母,而劳动则为财富之父"就是由英国古典政治经济学之父 William Petty 提出来的。"商品的价格归根结底分解成劳动、资本和土地三个部分"出自亚当·斯密的《国富论》。土地价格是要素价格的形式之一,形成土地价格最重要的原因是垄断土地所有权。土地价格=地租/利息率,所以地租和利息率决定了土地的价格。资本主义地租是土地所有权在经济上的实现形式,凡是自然力能被垄

---

① 中国社会科学院农村发展研究所"农村集体产权制度改革研究"课题组,张晓山.关于农村集体产权制度改革的几个理论与政策问题 [J].中国农村经济,2015(2):4-12+37.

② 王碧峰.我国农地非农化问题讨论综述 [J].经济理论与经济管理,2007(6):76-80.

断，并保证使用它的产业资本家能够得到超额利润的地方（农田、牧场、矿山等），其土地所有者就会以地租的形式从经营生产的产业资本家手里夺走这部分超额利润；在西方经济学中，地租是土地所有权的经济实现形式，是作为生产要素的报酬，供给的固定性是产生地租最重要的原因。① 在20世纪中后期，土地市场价格成为研究城市地租问题的重点，成为土地定价制度的重要依据。在《区位和土地利用》一书中，阿隆索在地租的一般理论中，通过竞价函数的计算，得出城市地租计算的途径。1948年出版的《经济学》中，保罗·萨缪尔森指出生产要素的报酬就是其本身的边际产品的价值，归根到底就是生产要素获得的利润，土地边际产品价值就是地租的表现形式。土地的有效需求决定了其价格，抵押价格、租借价格、转让价格是土地价格在市场的交易中的表现形式。②

土地性质和用途的改变与土地非农化过程息息相关。工业建筑、商业住宅是基于农产品转变而来的，然后形成土地边际产品，边际产品的价值含量也是根据土地生产率的不同和作用的不同而发生改变。如果在完全竞争的前提之下，那么边际产品就可以决定土地要素的需要。因为土地面积数量是一定的，所以随着城市化进程加快，土地的价格也会呈现上涨趋势。虽然价格稳定的时候土地买卖可以进行，但是根据我国在这方面的现实情况来看，在政府的不断干涉下，价格很难控制土地非农化的转化，如果将土地占用的赔偿费当作农业用地非农业化的费用的话，由于差距过大，市场价格会难以稳定。③ 从我们国家土地的实际情况来看，必须将社会主义地租作为重要的调节手段来尽可能地兼顾各方利益，逐步改进土地价格市场的缺陷。

（3）资源配置理论。资源的稀缺性决定了任何一个社会都必须通过一定的方式把有限的资源合理分配到社会的各个领域中，来实现资源的最佳利用，

---

① 诸培新. 农地非农化配置：公平、效率与公共福利[D]. 南京农业大学博士学位论文，2005.
② 韩玉婷，王桂波，李世平. 关中地区非农化过程中农地资源损失研究[J]. 干旱区资源与环境，2012，26（3）：30-35.
③ 苑莉. 农地产权转移中的代际配置损失测度——以四川省乐至县为例[J]. 中国农业资源与区划，2012，33（3）：33-38.

这就是资源配置。资源配置是否合理有序，对国家经济发展起着非常关键的作用。在资源配置理论方面，根据要素边际成本与利润的变化关系将一定的资源进行分配处理，资源的固定性是重要的前提条件。帕累托效率就是资源分配最合适的状态，这是从社会福利方面出发得出的，意思是说，在分配资源的过程中，每个人都是自己只顾自己，甚至是自私的，但是可以大幅度提升效率来接近最理想状态。市场和政府是资源分配的手段。通过高效的市场机制的运行可以达到资源分配最理想的状态，当然，需要基于完全市场竞争的前提，但是因为市场竞争机制不成熟，市场信息的传递不完善以及只能尽力调节非公产品等一系列的原因，所以完全市场竞争是不能实现的。另外，政府在资源配置中的作用也是不可忽视的，政府要保证配置环境的完善和相应政策规定的实施，来进一步完善资源的合理配置。社会、环境的效益与经济效益都很重要，资源配置的过程中都要注意到。要想实现资源配置最大合理化，就要让市场和政府拉起手来一起努力。

土地是一种有限的资源，而且土地兼具社会、经济和生态价值，十分重要。因为货币的用途具有局限性，所以市场无法调节土地资源的分配。土地转移的困难较大，会造成分配不公、生态环境污染等一系列问题。① 所以市场调节有很大的局限性。而且政府的宏观调控本身也存在缺陷，也可能会因为过度垄断而造成政策失效。② 在经济学领域，有一方认为政府的干预是解决市场失灵最重要的手段，而另一方则认为市场和政府进行交易的支出多少决定了它们之间的合理界限。所以要让市场和政府相互平衡，让政府的政策和市场规则机制同时发挥作用，注意发展经济和土地数量的关系，让土地资源的配置更加合理，才能使农业用地非农化的转化更加顺利。

（4）博弈论。博弈论的早期研究者包括策墨洛（Zermelo，1913）、波雷尔（Borel，1921）、约翰·冯·诺依曼（John Von Neumann，1928）和奥斯

---

① 张志泽，王丽. 农地非农化过程中的社会风险问题研究［J］. 行政与法，2011（9）：55-57.
② 范怀超，白俊. 农地非农化中利益主体博弈行为逻辑分析——以失地农民与地方政府为例［J］. 海南大学学报（人文社会科学版），2016，34（1）：30-36.

卡·摩根斯特恩（Oskar Morgenstern，1944，1947）等，1944年约翰·冯·诺依曼与奥斯卡·摩根斯特恩合著《博弈论与经济行为》，标志着现代系统博弈理论的初步形成。博弈论也称对策论，是对以参与人、参与人之间的行动、支付和结果等为要素，在要素分析的基础上加以分析判断，对研究对象的行为进行预测判断，是研究具有斗争或竞争性质的理论与方法。随着学者对博弈论的不断研究与改进革新，现今博弈论已经形成比较完整的研究体系，成为经济学的标准分析工具之一。由于相互的参与主体间存在方法策略的束缚，因此选取对自己最为有利或最为合理的方案，是在将自身损失降到最低与利益达到最大化之上的综合考量。但在现实中自身利益的最大化往往受多种因素的影响而难以界定和实现，因此在博弈论中分析对方参与者的行为变得尤为重要。在每一轮博弈中，参与各方的利益与损失都相互联系，因此对自身利益最大化的界定也就需要根据外生的条件变化分析自身潜在利益的改变，而变化随之而来的则是博弈中各方稳定性的变化。

不同于产权与制度变迁理论对于土地制度及土地产权划分的分析，博弈论注重于对土地转用与非农化过程中有利益牵涉的各方的分析，如农民、集体、政府及土地的开发商和其他土地使用者等。从博弈论的角度出发分析我国农地转用和非农化的过程，其中政府主体分为中央政府与地方政府之间存在利益的博弈，两者在利益目标上主要体现在中央政府力求实现社会的公平，以及资源的合理分配，而地方政府则更注重于实现分配效益的最大化以推动经济的进一步发展。① 除去政府主体之外，其他利益主体也存在着博弈，其中主要表现为滞后性这一制度本身存在的缺陷，对市场经济中的突发状况不能及时反应并做出相应对策，因此存在制度主导下土地资源的配置不适应现实经济状况的现象，如农地非农化的方式与社会主义市场经济的原则不相适应的现象。这些各方利益间的博弈，无疑是阻碍我国城乡农地转用和非农化过

---

① 丁同民，孟繁华. 我国农地非农化收益分配中的博弈分析 [J]. 河南社会科学，2014，22（1）：71-77.

程合理的重要原因。① 因此在市场竞争中，博弈各方利益的考量十分重要，多元利益主体的博弈、各自利益的改变，使博弈均衡不断变化并再次均衡，在此循环往复的基础上不断形成新的均衡策略以达到各方利益的平衡。

第二节　文献综述

农业用地非农化的成因主要是人口增长和工业发展的需要增加了对土地资源的开发，也就形成了以城市为中心向外部扩张的城市化建设。总结来看，由各种发展需求所推进的城镇化与农业用地的转换有着一定的因果关系。多数研究也认为城镇化是影响农业用地非农化的主要因素。

一、国外研究综述

关于这方面的研究最早可以追溯至 19 世纪德国经济学家冯·杜能（Johann Heinrich von Thünen）（1826）的"孤立国"理论（The Isolated State）。该理论阐述了农产品的运输成本与城市外围农业用地的使用，也就是杜能圈（Thünen's Ring）所代表的城市外围农业用地的区位经济学理论。杜能的研究为农业区位经济学做出了巨大贡献，并为日后农地非农化的配置研究提供了理论基础。

日后大量的研究开始考察人口、经济增长和城镇化发展与农业用地面积之间的关系。② "二战"后是美国经济迅速发展的黄金时期，城镇化也进入了高峰期，这时农业用地的非农化问题开始得到学术界重视，大量研究开始专注于该问题的研究，其中最具有代表性的是 Muth（1961）以杜能的产业布局理论为基础的农业用地非农化研究，Muth 提出了著名的 Muth 假设，即城镇化

---

① 范怀超，白俊. 农地非农化中利益主体博弈行为逻辑分析——以失地农民与地方政府为例[J]. 海南大学学报（人文社会科学版），2016，34（1）：30-36.
② 李永乐，吴群. 经济增长与耕地非农化的 Kuznets 曲线验证——来自中国省际面板数据的证据[J]. 资源科学，2008（5）：667-672.

的发展会与农业一起开展对农业用地的"竞争"。此后有关城镇化与农业用地非农化的研究都受到 Muth 的影响,将农业用地非农化归因于城镇化的发展、高速和轨道交通的建设等因素。① 其中城镇化一直被学者们认为是农业用地减少的主要原因。大量的研究都通过理论以及实证证明了城镇化发展与农业用地之间的因果关系。进入 20 世纪,Heimlich 和 Anderson(2001)通过系统地分析美国城镇化发展的规律,发现美国的城市化呈现出两种态势:一是从城市边缘开始不断向农村地区扩散的城镇建设;二是在城市与农村地区相连接处的大型住宅项目的建设。上述两种城市化的发展都不可避免地促进了农业用地的非农化。

从 20 世纪 80 年代开始,大量学者将研究中心转向了优良农田的减少研究上,Ramsey 和 Corty(1982)指出农业用地的减少不会造成粮食供应的急剧减少,而优良农田的数量是有限的,其面积的减少会在长远的角度上影响到美国农业生产的质量和效率。城镇化与农业用地面积的减少之间已被大量的实证研究证明存在显著的因果关系。从"地少人多"的国家来看,城镇化的快速进程势必会影响到农业用地的保护,甚至威胁国家的粮食安全;但是对于多数"地多人少"的发达国家,城镇化与农业用地之间的矛盾相比之下不是那么突出,Lubowski(2006)根据《2002 年美国主要土地使用情况》(*Majoruses of Land in the United States*,2002)的数据发现在 1945 年至 2002 年期间,美国粮食的总产量并没有随着农业用地面积的减少而出现明显下降,这主要是因为农业生产技术的提高使得农业种植单位产能增加。城镇化尽管没有负面作用于粮食总产出,但是 Ramsey 和 Corty(1982)的早期研究指出农业用地的减少不会造成粮食供应的急剧减少,但会威胁到优良农田(Prime Agriculture Land),因为优良农田的数量是有限的,其面积的减少会在长远的角度上影响到美国农业生产的质量和效率。

---

① 陈兴雷. 城市扩展过程中的农地非农化:代价性消耗与过度性消耗 [D]. 南京农业大学博士学位论文,2011.

第一章 绪论

任何土地管理制度都要协调有限的土地资源与经济发展对土地的需求。① Heimlich 和 Anderson（2001）系统地总结了美国是如何管制农业用地非农化的：对于属于政府的农业用地，其非农化受到严格的管制，联邦政府和地方政府对农业用地非农化进行了严格的审批制度；对于私人拥有的农业土地，政府也实施了相应的补贴政策来减少农地主的农业用地非农化行为。补贴措施一直是美国政府用来鼓励农民保留土地的主要手段，这种政策的产生源于在城镇化的背景下，农民不得不面对将农地非农化以换取更高的租金或收益及继续收益租金或收益较低的农业生产。② 针对这一点，Livanis、Moss、Breneman 和 Nehring（2006）研究了城镇化对农地价格的影响，通过分析美国内陆各郡的农业用地价格，研究结果发现城镇化（农业用地与城市中心的距离）总体上提高了农业用地的土地价格及单位收益。

综合来看，在国外直接以农地非农化为研究内容的文献并不多见，因为在西方市场经济国家城市土地市场是统一的，不同土地所有者之间是平等的市场交易主体。在此前提下主要研究土地产权及其市场交易规制与效率问题：①马克思、恩格斯是较早对土地市场交易进行系统研究的经济学家，其产权和地租理论至今仍有重要的影响。②威廉·配第、亚当·斯密、李嘉图、屠能的地租理论等在土地市场理论建设方面有着不可磨灭的贡献。③到了现代特别是 20 世纪 20 年代以来，一大批学者对土地资源的市场利用问题进行了专门的研究，其中最杰出的代表是美国经济学家伊利和日本一桥大学野口悠纪雄教授。Richard T. Ely（1924）开创性地把已经树立的若干经济学原理运用到土地利用的经验上去，并使其受到土地利用经验的检验，其学术影响历久不衰；野口悠纪雄（1989）的主要贡献是辩证地讨论了土地政策对土地市场的规制及其效果问题。④目前西方市场经济国家的土地市场制度及其运行模式可归为两类：以美、日、法等为代表的以土地私有制为基础的市场模式；

---

① 张秋爱. 我国土地市场化程度考察 [J]. 合作经济与科技, 2008 (5): 14-15.
② 钱忠好, 牟燕. 中国农地非农化市场化改革为何举步维艰——基于地方政府土地财政依赖视角的分析 [J]. 农业技术经济, 2017 (1): 18-27.

以英及英联邦地区为代表的以土地国家所有制为基础的市场模式。其共同特点是土地产权关系清晰，土地资源市场配置有效，土地可以自由买卖、租赁抵押等，政府对土地市场进行干预。⑤当然美国不动产学术界也指出土地市场有其特殊性的一面，表现出垄断竞争市场的一些特征。⑥有的学者还对发展中国家的土地市场效率问题进行了实证研究，比如 Becker C. M. 和 Morrison A. R.（1999）指出："在讨论经济转轨国家的城市化时，人们通常会想到其劳动力市场模型及劳动力市场的不完善问题，同时也会想到资本市场问题。然而从主观上讲，土地市场的无效率问题是最严重的。" Dowall D. E. 和 G. Clarke（2000）从土地产权界定不清、尚不完善的土地市场和地方政府在土地经济中的行为模糊等视角解释了这一现象。

二、国内研究综述

1. 农地非农化的驱动因素和效率研究综述

农地非农化的驱动因素主要为城镇化、经济发展需求、人口增加等。现有研究发现经济效应也是其主要驱动因素。胡贵（2008），张建（2015），汪应宏、毛璐（2017）将农地非农化归为城镇化和工业化的表象。陈江龙、曲福田和陈雯（2004）从需求层面阐述了中国农地非农化的驱动因素：人口、固定资产投资、土地市场化程度、地方政府的土地非农化收益、土地利用比较效益、地方政府管制应对以及资源禀赋。李大威（2013）的研究发现城乡收入也是耕地面积变化的主要原因之一。① 在农地非农化的驱动因素中，地方政府的收益驱动是除了城镇化因素外的另一个热点问题。张建（2015）认为我国的土地征用制度使得地方政府获利最大，这催生了土地流转的资本化。杨志荣、吴次芳、刘勇（2008）以地方政府收益为角度，考察了东、中、西部农地非农化驱动因素，发现东、西部地区的驱动因素为地方政府的制度收益，而中部地区为其发展收益。刘力、邱道持、曹蕾、粟辉（2005）探究了

---

① 李大威. 城镇化进程中农地非农化机制与制度创新研究 [D]. 郑州大学硕士学位论文，2013.

地方政府作为农地非农化驱动因素的原因，研究指出土地的分级限额审批和土地征用制度使地方政府多以提高自身收益为目标，这促使政府以农地征用来增加财政收入。① 周景奎、王岳龙（2010）通过对1999~2006年130个城市的农地非农化情况进行实证分析，也发现除了政府利益推动的原因之外，产业聚集和房地产投资是大城市农地非农化进程的主要驱动，城市中的非农人口增加则是中小城市农地非农化的主要原因。

另外，还有研究深入分析了农地非农化与经济增长之间的关系：许德林、欧名豪、肖霖（2010）通过对青岛市的农地非农化情况进行研究，发现青岛市农地非农化随着其工业进程表现出明显的阶段性，即对农地的需求量随着工业发展的强度而上升；② 通过灰色关联分析以及柯布道格拉斯函数分析发现青岛市的农地非农化已经脱离了正常的经济发展轨迹，且对经济增长的贡献不高；农地非农化对产业结构的影响呈现倒"U"型，在长期有利于促进土地资源向更加集约的方向发展。并提出需要科学制定农地开发制度和计划的建议。相似的，李永乐、吴群（2008）研究了经济增长与耕地非农化之间的关系，1999年至2003年面板数据分析发现耕地非农化随着经济增长表现出先增长后减少的倒"U"型的库兹涅茨曲线。该研究还颇为创新地将国际贸易考虑进影响耕地非农化的因素中。任旭峰（2012）通过建立GDP变动率和耕地变动率的VAR（3）模型，证明耕地变动率是GDP变动率的格兰杰原因，上述关系被量化分析后，分析结果显示短期内耕地数量的减少对GDP具有正向的促进作用。③

随着我国的改革开放，20世纪80年代一些学者开始涉及土地等生产要素的市场研究。90年代对该问题的研究提到了议事日程，徐善长（1998，

---

① 刘力，邱道持，曹蕾，粟辉. 基于燃烧理论的农地非农化研究 [J]. 西南师范大学学报（自然科学版），2005（1）：176-179.

② 许德林，欧名豪，肖霖. 1997-2008年青岛市农地非农化过程与效果实证研究 [J]. 中国土地科学，2010，24（1）：9-14.

③ 李永乐，吴群. 经济增长与耕地非农化的Kuznets曲线验证——来自中国省际面板数据的证据 [J]. 资源科学，2008（5）：667-672.

2004）等对此进行了较深入的研究，指出生产要素市场化的一个关键是相关的经济体制改革。进入21世纪以来，对农地非农化流转及土地资源市场配置效率问题的专门研究增多。曲福田等（2001），贾生华、张宏斌（2002），夏炎、郭春华（2007）等讨论了农村土地市场和征地市场的发育现状，指出土地资源配置中存在的问题，对农地非农化进行了实证分析，给出了相关的结论。

2. 农地非农化过程中存在的问题综述

农地非农化是一把双刃剑，在为经济发展提供必需生产要素的同时也为生态环境以及农村经济等带来了负面影响，主要体现在农地面积的减少以及土地开发过程中对生态环境的各种不利影响，即生态环境的负外部性，其造成的环境资源损失也难以被量化。① 王敏（2008）将农地非农化的负面问题总结为耕地减少、粮食安全问题、农民利益的损害和滋生腐败。孙长忠（2008）将农地非农化的问题总结为开发区土地资源的粗放使用，土地使用的结构性问题，不规范征地引发的社会问题以及土地增量与存量之间关系的混乱。严金明（2006）将上述问题的实质归结为公权对私权的严重侵犯以及行政权力对农民土地财产权利的代替。

具体来看农地非农化首先直接影响着我国的耕地保有量，2014年我国的耕地面积为20.27亿亩，已经逼近我国18亿亩耕地的警戒线。任旭峰（2012）还强调中国的高产耕地比例并不高，因此耕地面积的不合理减少对我国的粮食安全构成了极大的威胁。其次，过度的农地非农化也会给生态环境造成影响。陈娟（2013）的文章就实证分析了农地非农化所带来的生态风险，研究首先分析了陕西省的农地非农化类型，发现陕西省主要以耕地和园林的非农化为主，并且陕北、陕南和关中地区上述两种农地非农化的占比表现出较大的差异性；其次按照美国EPA颁布的生态风险评估框架对陕西省以及省内不同地区的生态风险级别进行了划定，并采用层次分析法和模糊综合评价

---

① 谭荣，曲福田. 农地非农化代际配置与农地资源损失 [J]. 中国人口·资源与环境，2007 (3)：28-34.

法分析了陕西省内部各个地域农地非农化所造成的生态风险类型，结果表明陕北和关中地区的生态风险较高，而陕南地区则较低。龚志文、刘太刚（2015）的研究从环境污染的问题入手，通过分析得出房地产的大量开发造成了日益严重的土壤污染。而农地非农化进程的加速则是房地产业大量开发的主要原因之一，因此有必要建立存量耕地的零转用制度。

3. 城镇化与农地非农化的研究综述

城镇化进程的加速增加了经济建设对土地的需求，这必然导致了农地的非农化。城镇化背景下的农地非农化实质就是农地资源在非农建设利用与农业利用之间的竞争配置（王莹，2011）。而城市的发展需求与农业用地的保护之间形成了显著的矛盾。如果不加控制地进行农地的非农化，那么耕地面积的减少就会影响粮食的产量，甚至会威胁到国家的粮食安全；但如果执意保护耕地而限制农地非农化，那么城市用地的供给短缺会抬高土地价格，造成城市土地市场的价格混乱；而如果对农业用地非农化不加以合理的管制，则农业生产面临着优质农田的大量流失，进而影响农业生产的稳定性。① 城镇化是农地非农化研究的一个主要问题，也被多数学者们认为是促成农地非农化的主要原因。已有大量的理论和实证研究证实了二者之间的相关关系和因果关系，并提出了相关的政策建议。

崔福生（2010）以博弈论和人地关系等理论为基础深入解析了当代财政制度对农地收入的依赖以及农地产权制度的各类问题所在。同时研究辅以实证研究，探索了耕地面积与经济发展水平、固定资产投资、财政收益和产业结构等因素的关系，实证研究结果验证了理论分析结果，即城市化水平和财政收益的提高会促进农地的非农化进程。王玲（2007）通过对1994~2005年中国30个省市的数据进行实证分析后证实了城镇化与农地非农化之间不仅存在相关关系，还存在显著的因果关系。上述关系具体表现为：二者相关关系的方向会随着城市化水平的高低而变化，呈现出明显的阶段性；二者的因果

---

① 刘勇智. 中国农地非农化流转中的政府过程研究 [D]. 郑州大学硕士学位论文, 2005.

关系是双向的，即在短期农地非农化会促进城市化，但是在长期则会阻碍城市化的发展。臧玲（2004）将视角转向了农地非农化的地域性差异上。研究以江苏省为对象，着重分析了苏中、苏南和苏北地区农地非农化情况。研究结果表明江苏省不同地区的农地非农化在转变数量、流向以及效益上均表现出差异性，这就需要政府在制定相应的农地管理和保护政策时需要从各地区的实际出发并捕捉到农地非农化的动态性。以单因素分析为方法的实证结果表明，1989~2002年导致江苏省农地非农化地域差异性的主要影响因素是经济发展水平、城市化水平、土地利用比较效益和资源禀赋。

在海外国家研究方面，钟水映（2009）的研究则针对不同发展阶段东亚地区（中国台湾和大陆、日本、韩国）的工业化、城镇化与农地非农化之间的协动性进行了实证研究。在实证研究方法的选取上，作者认为常用的时间序列一阶差分去除趋势的方法可能会放大主流信息从而得出不准确的结果。基于此，作者使用HP滤波技术分理出时间序列数据中的非线性成分，得出了东亚地区工业化、城镇化与农地非农化之间呈现出正向的协动关系，具体结论如下：东亚地区的工业化和城镇化对其农地非农化有明显的促进作用，其中中国大陆地区的协动性要明显强于其他东亚国家；在分析变量的因果关系上，中国大陆和日本的工业化和城镇化都是耕地面积减少的Granger原因，而台湾只有城镇化是耕地面积减少的Granger原因，相比之下，韩国的因果关系分析结果并不显著。由实证研究结果得到政策启示如下：日本、韩国和中国台湾较有效地处理了工业化和城镇化与农地非农化之间的协动关系，实现了农用土地的集约制利用；同时处理好工业化与农地非农化之间的协动关系则有利于促进工业发展的转型。简新华和张国胜（2006）对"二战"后日本的城镇化农地非农化历程进行研究分析，发现"农地非农化""农民非农化"和"市民化"的基本同步能够有效地协调城镇化与农地非农化之间的关系。①同时，日本的经验表明，耕地保护是农地非农化的必要约束条件，农业用地

----

① 简新华，张国胜. 日本工业化、城市化进程中的"农地非农化"[J]. 中国人口·资源与环境，2006（6）：95.

的流转机制应该由市场化与政府监管调控共同组成。黄大全、郑伟元（2005）对海外经验的研究发现城市不断扩展与耕地面积保持相对稳定并不矛盾，其关键在于选择合适的城市发展道路及其土地利用方式，并有相关政策作保障。①

农地的适度非农化是保证城镇化可持续发展，以及耕地保护目标是否能够完成的主要决定因素之一，同时中国在当今的农地非农化过程中存在着较严重的农地过度非农化。汪险生（2013）通过 DEA 分析法对中国 3 个省的农地非农化效率进行测算，实证结果发现我国多消耗了 51.1% 的建设占用耕地指标。孙长忠（2008）发现很多大中型城市的城镇化进程过快，建设用地增长量高于全国平均水平。李伶俐、王定祥（2009）从资源配置角度出发，以农地非农化配置的理论问题为基础进行分析，认为政府和市场在农业用地的配置上均存在失灵，并且政府失灵所造成的资源配置效率损失要高于市场失灵。② 关于政府失灵导致配置效率低下的问题，陈兴雷（2011）则通过对南京市农地过度消耗的研究发现政府失灵导致的过度性消耗量占全部过度性消耗量的 91.80%～96.49%。针对城镇化与农地保护之间矛盾，冯国强（2015）强调了现阶段中国新型城镇化的特点之一就是呼应中央的"两个不"——不以牺牲粮食为代价，不以牺牲环境为代价。

4. 耕地保护外部性及其经济补偿研究综述

农业用地是农业生产重要的生产要素之一，但是城镇化和经济的发展需求不可避免地推进了农地非农化进程。面对日益减少的农地面积，政府开始重视农业用地的保护，颁布了一系列严格的农地保护法规和法案，但是见效甚微。主要原因是没有形成一个能够有效将农地保护的外部性"内部化"以保障农民或土地使用者利益的补偿机制。③

---

① 黄大全，郑伟元. 海外城市化与耕地保护对中国的启示 [J]. 中国土地科学，2005（3）：38.
② 王定祥，李伶俐. 城镇化、农地非农化与失地农民利益保护研究——一个整体性视角与政策组合 [J]. 中国软科学，2006（10）：20.
③ 任平，吴涛，周介铭. 基于耕地保护价值空间特征的非农化区域补偿方法 [J]. 农业工程学报，2014，30（20）：277.

近年来，陈锡文（2003），党国英（1995，2008），温铁军（1998，2004），韩俊、刘守英（2006），周其仁（2004），陶然等（2005），黄小虎（2006），马凯（2009），黄贤金（2003），钱忠好（2008）等对我国土地征收与农地非农化市场流转制度改革创新提出了富有建设性的意见和建议。比如周其仁认为，现行土地制度与市场经济冲突最严重的是农地征用制度，一方面，农转非的土地资源无法由市场价格机制配置，另一方面就是农地转用的租金上升，在分配上农民不能合法分享。这套农地转用制度，既无效率，也不公平，所以要打破政府对农地征用的行政垄断，赋予农户农地转用的权利，建立农地转用市场；陶然等则从城市化与农地制度关系视角指出土地农转非的市场化改革势在必行。

（1）农地价值研究。农地价值是农地非农化补偿机制的重要因素。农地属于生态资源的一部分，所以其价值并不仅仅体现在经济价值上，现有的研究认为耕地价值由经济价值、生态价值和社会价值构成（许恒周，2008；牛海鹏，2010；谢昕昕，2013；任平、吴涛、周介铭，2014），并且耕地价值还表现出明显的区域差异性；也有研究将耕地价值分为市场价值和非市场价值，以及使用价值和非使用价值，马文博（2012）和谢昕昕（2013）等还将耕地的生态和社会价值归纳为其非市场价值。在我国关于耕地价值的研究中，针对非市场价值分类还较为模糊，缺少一个完善的体系。

常见的耕地价值的衡量方法主要是CVM（条件价值评估法或意愿调查评估法）。国内有众多学者使用该方法对土地价值进行了相应的区域研究。牛海鹏、张杰和张安录（2014）将耕地非农化归因于耕地保护的外部性。同时根据外部性的内部化理论研究，耕地保护外部性问题的解决也依赖于其外部效益的内部化，这种内部化就需要清晰地根据外部性的大小来界定耕地非农化的补偿标准。牛海鹏、张安录（2009）以及牛海鹏、王文龙、张安录（2014）基于上述观点，使用条件价值评估法（CVM）构建了一套耕地保护外部性的测度、分析和检验的一体化体系，并将该体系应用于焦作市来进行实证研究。研究结果证实了耕地的生态社会效益是一种具有正外部性的混合类跨区域性公共物品,并且 CVM 方法的测算结果可作为耕地保护外部性补偿的最低标准。谢昕昕(2013)使用相同的研究方法对辽宁葫芦岛、上海宝山、陕西西安三个地区进行了耕地价值的研究;任平、吴涛、周介铭(2014)则将研究对象扩展到全国范围,利用 CVM 模型测算了中国耕地保护价值的空间分布特征,测算结果发现耕地价值在全国范围内体现出较明显的地域差异,并且整体上耕地的社会价值要高于其经济价值和生态价值;研究还测算和分析了中央政府对耕地价值的支付情况,肯定了耕地收益在财政支出中的重要地位,为耕地保护向市场配置管理转型提供了理论依据。

刘力、邱道持、曹蕾、粟辉(2005)认为非市场价值应该被纳入农地价值的核算体系,这有利于溢出效应的市场化降低非农建设对农地的需求。但是许恒周、郭玉燕(2010)发现农地的非市场价值较难衡量,同时市场失灵还会导致农地的非市场价值在配置时被忽略掉。

(2)农地保护的外部性研究。外部性理论不仅适用于农地本身,也适用于农地非农化与农地保护:朱新华(2008)将农地非农化的外部性定义为农地非农化的边际私人成本或边际私人收益与边际社会成本或边际社会收益之间产生了利差,这就导致农民个人或集体的农地非农化行为的收益或成本被其他社会成员分享或承担。农地非农化的外部性不利于土地资源的有效配置。这种外部性还存在于农业用地保护中,一方面农地使用者无法直接享受到农地保护所带来的社会效益和生态效益;另一方面农地使用者无须为农业用地的不适当非农化造成的负面环境影响承担成本;农地保护的外部性则体现在耕地保护所带来的社会价值和生态价值难以被量化,这种价值的溢出就形成了耕地保护的外部性(董德坤、朱道林、王霞,2004)①;同时社会价值和生态价值的难以量化就使得这部分外部性不能得到有效的补偿,降低了耕地的比较效益,这是耕地保护机制效率低下的重要原因(陈昱、陈银蓉、马文博,

---

① 董德坤,朱道林,王霞.农地非农化的外部性分析[J].经济问题,2004(4):55.

2009）。① 邵建英和陈美球（2006）基于上述农地保护的外部性理论来探讨中国的耕地保护制度。研究认为在衡量农业用地的效益时不能忽略土地的生态服务价值和社会保障价值。这样才能增加农地的比较效益，平衡土地资源配置。牛海鹏（2010）的研究也强调了农地的生态服务和社会保障价值，肯定了耕地保护外部性在耕地补偿问题上的重要性，并以焦作市为例，阐述了耕地保护区内和区际经济补偿的理论以及实证依据。

（3）耕地保护的补偿研究。耕地保护的经济补偿问题与耕地保护机制紧密相关。耕地保护的补偿研究主要围绕补偿的经济标准及其补偿方式展开。

我国现阶段所采用的是使用土地年产值倍数作为补偿标准的不完全补偿原则，这并不能完全补偿农民的失地损失，上述不等价的交换原则并不符合市场经济的要求（丁同民，2010）。同时产值倍数法的 30 倍最高限制无法保证农民长远的利益，并且忽略了增值收益（李小璇，2013）。② 基于上述观点，毛良祥（2013）认为当前土地保护制度实施结果的不尽人意主要是因为其补偿制度的不合理。为了探寻一个合理的耕地补偿机制，研究首先在外部性和机会成本理论的基础上确定了耕地保护补偿标准和测算耕地保护补偿基金规模的基本思路和具体方法；其次使用脱钩指数模型测算出目标年份的耕地保有量并以此为基准测算出耕地保护补偿基金规模，借此创新地提出了以年度机会成本损失和土地承包经营权流转租金为基础的两类耕地保护补偿标准。上述标准在以义乌市为例的实证研究中被证明具有较高的可行性。陈喆（2014）则以土地增值收益分配的公平与效率理论等为理论支持，分析了福建省晋江的农地非农化增值收益分配情况。研究结果认为土地利益合理分配机制的构建首先离不开一个合理公平的增值收益的估算和分配体系；其次还需要规范政府和开发商的行为以保证分配的效率和公平性，其中农民实际利益

---

① 陈昱，陈银蓉，马文博. 基于耕地保护外部性分析的区域补偿机制研究 [J]. 国土资源科技管理，2009，26（2）：1.

② 李小璇. 农地非农化进程中农地征用收益分配探析 [J]. 福建商业高等专科学校学报，2013（1）：72.

的保障也必须得到充分重视。①

朱新华和曲福田（2008）将耕地保护外部性的补偿定义为粮食主销区向粮食主产区的补偿，这是基于粮食主销区产出效率较高的比较优势。在补偿方式上，研究分别从税收政策和市场机制提出"机会成本税"和"GDP提成"以及粮食产销区协作的观点。董德坤、朱道林、王霞（2004）以消除外部性为主要目的，建议政府可以通过对农产品进行价格补贴，此举可以将农民在进行农地保护时产生的外部性经济化。

（4）农民利益的保护。由于我国实施的是土地公有制，因此农民的补偿和利益分配是农地非农化过程的一个突出问题。我国的土地产权制度具有二元结构性，当前较为普遍的农地非农化方式是国家首先征用农村集体拥有的土地，其次以划拨或出让的形式实现农地的非农化。参与征收收益分配的主体主要是政府、农村集体经济、农民和用地单位。丁同民（2010）认为这就形成了农业用地在农民、政府和开发商之间的博弈，而农民往往是这场博弈的最大利益受损者。任旭峰（2012）指出我国在农地的补偿标准和补偿原则上存在着内在冲突，这表现为补偿范围偏小以及分配方式的不合理。在利益分配的量化上，张建（2015）认为中国的土地流转制度使得地方政府获得60%～70%的土地征用补偿金额，但是农民只能获得5%～10%。对于参与主体的收益分配比例，刘玲、王慧（2007）则提出相反的结论，即村集体和农民的收益占70%。② 诸培新（2005）对南京市区四年的农地征用情况进行实地调研，发现市级政府在农地非农化过程中获利最多，此外较低的农地补偿不但有损于农民的生活福利水平，也影响了农民的农地保护积极性。同时，农民在农地非农化的收益分配过程中没有享受到日后的土地增值收益。

这些失去土地的老百姓无法得到合适的补偿，甚至失去了今后的生活保障，同时还会引起一系列社会问题（孙长忠，2008）。这就形成了"失地农民群体"。失地农民的困难处境成了我国城镇化以及农地非农化过程中的一个严

---

① 陈喆. 福建省农地非农化增值收益分配研究 [D]. 福建农林大学硕士学位论文，2014.
② 刘玲，王慧. 我国农地非农化监管存在的问题与对策 [J]. 重庆社会科学，2007（12）：13.

峻问题。2011年,中国失地农民的数量为4000万~5000万人,预计到2030年数量将增加至1.1亿人左右(2011年中国城市发展报告)。面对这样庞大的数字,失地农民的问题很快将上升至整个农民人口的严峻问题上。对于农民利益的保护,除了要构建完善的农地产权制度以及农地非农化补偿制度,农民的社会保障制度亟须被进一步完善。① 张梓榆、王定祥(2018)从政府和市场失灵的角度出发,探究了农地非农化过程中农民利益受损的政策原因,研究进而肯定了民主协商在农地管理的重要性,将其与市场和政府相联系成一个有机整体来协调农业用地的非农化与农民利益之间的关系。此外,孙长忠(2008),张志泽、王丽(2011)认为拓宽补偿安置渠道有助于完善农民利益的分配机制。王敏(2008)则提出将土地增值收益用于支持失地农民养老保险、就业培训等方面的观点。

耕地保护不仅仅是政府和社会的职责,农民自身也必须要重视农地保护:石志恒(2012)以行为经济学为研究基础,将农地保护的主体转向了农民,在现有的理论基础上研究了新疆地区农民耕地保护情况。研究发现农民在耕地保护的意愿、能力、积极性等方面都较弱,这与农民的受教育程度、农地的收益情况等主客观因素密切相关。这就需要在制定农地保护机制时应考虑到农民耕地保护的激励政策。王敏(2008)认为农民对相关法律以及自身权益的了解对农民的农地保护行为的实施尤为重要。

(5)市场机制的引入。在农地非农化补偿机制的研究中,对将农地非农化市场化的提议呼声较高。这主要是因为现有我国的土地管理制度在产权流通等方面的一些规定不再符合市场发展,并且现有的农地流转制度容易引起地方政府追求利益而进行农地过度非农化,国土资源部执法监察部门的调查显示,目前我国80%的违法用地是地方政府行为(夏炎,2008)。此外在农地非农化过程中,卜婷婷(2012)和李伶俐、王定祥(2009)都发现政府失灵是造成农地资源分配效率低下的主要原因。曲福田、谭荣(2006)等学者呼

---

① 孙长忠. 新农村建设进程中土地非农化问题研究[J]. 经济经纬, 2008(3): 103.

吁一个更加完善的农业用地市场体系。① 因此非常有必要适当引入市场机制。

从理论上看，实现帕累托最优的基本条件是完全竞争的市场机制。从实践角度出发，进一步提高"招拍挂"土地出让比例能够减少政府失灵。此外农地的价值应该体现其市场（经济价值）以及其社会和环境价值（诸培新，2005）。在市场机制引入的实践上，张建（2015）建议政府可以鼓励农民在不改变农地用途的基础上以市场价格进行合法有效的农地流转。对于农地市场机制的实践上，李永乐、吴群（2009）通过理论分析以及全国省级行政单位土地交易情况的面板数据分析，发现全国的土地市场化水平不断提高，并且土地市场发育与农地非农化数量呈反向关系，但是土地资源的市场化配置对农地非农化行为的抑制程度偏低。② 上述研究结果肯定了市场化机制引入的效果。

当然，农地资源不能完全放任由市场来配置，因为在利益驱动经济下，完全市场配置会使农地非农化的规模大大增加，将会极大地威胁到国家的粮食安全（李瑞华、王锐、李明秋，2009）。这种利益的驱动则是来自市场外部性导致的农地非农化成本的降低（林卿、王莹，2012）。另外，市场机制不考虑农地的外部效益，长久之后就引发了市场失灵（贾生华，2001）。因此，我国在农地资源的配置上仍然需要保持政府的管理角色，辅以适度的市场化，或者是政府通过影响市场而实现土地资源的最佳配置（张宏斌、贾生华，2015）。基于此，夏炎（2008）提出了"利益协调，共同繁荣；扬长避短，优势互补；市场主导，政府调控；集中统一，法制为先"的原则。李伶俐、王定祥（2009）提出政治协商的引入可以弥补市场和政府机制在配置问题上的缺憾，也就是需要形成一个"三位一体"的农业用地适度非农化机制来保证

---

① 谭荣. 农地非农化的效率：资源配置、治理结构与制度环境［D］. 南京农业大学博士学位论文，2008.
② 李永乐，吴群. 土地市场发育与农地非农化——基于省际面板数据的估计与测算［J］. 中国土地科学，2009，23（11）：45.

农业土地资源的合理配置。① 杨志荣、吴次芳、刘勇（2008）则建议建立计划管理与市场调节相结合的农地保护新模式，该方法在增加中央政府实际控制力的同时也能有效地规范部分地方政府在农地管理上的违规行为。

5. 农地非农化过程中的土地资源配置

中国现行的农地配置方式主要是统筹城乡建筑用地，该方式通过农村用地使用权的流转，以及城乡建筑用地"增减挂钩"模式来实现农地资源的配置。目前，土地资源配置主要存在的问题是农地的过度非农化问题，过度非农化问题产生的主要原因是土地利益获得者为了追逐更多的收益而增加农地的非农化。李大威（2013）发现不合理的农地非农化制度，以及农地资源非农化配置制度是城镇化进程中土地问题的主要原因。解决上述过度非农化的方法之一就是确保土地资源配置的有效和最优，这种最优状态在经济理论上体现为"帕累托最优"。土地资源配置的主要目的就是将有限的土地资源在各种具有竞争性用途之间进行合理的分配，从而达到土地资源的高效利用（卜婷婷，2012），或者是以提高土地资源的配置效率为目的的土地在不同产业间的重新分配（林卿、王莹，2012）。以经济学的角度来看，土地资源的配置达到最优的标准主要以边际效益（MR）相等为基准，即最后一单位农地的收益与其非农化后的边际收益（机会成本）相等。基于边际效益的研究，林卿和王莹（2012）将市场因素考虑进来，将农地资源配置的最优简化为如何确定农地转为建设用地的合理数量，以使土地资源配置的社会总收益最大化。② 诸培新（2005）则从福利理论出发，认为农地资源配置的数量与速度需以社会总福利的最大化为目标，还要兼顾公平分配。研究还从村级农地征用调研情况中发现现有的农地非农化收益配置偏离了资源配置的公平性，这主要是因为对于农民的直接补偿较低以及农村劳动力在非农化转移上的难度。姜和忠

---

① 李伶俐，王定祥. 论农地适度非农化机制与制度创新——基于中国城镇化中农地过度非农化的现实背景 [J]. 中国农村观察，2009（5）：11.

② 林卿，王荧. 基于农地非农化过程中的土地资源优化配置理论分析 [J]. 福建农林大学学报（哲学社会科学版），2012，15（6）：35.

和徐卫星（2011）还从可持续发展理论的角度出发探讨了土地资源的分配，该理论着重于资源配置的公平性、持续性和高效性。研究对土地资源配置的收益进行了界定，即城市规划区外的土地征收必须限于公共利益。① 从上述研究可以判断出，农地的过度非农化还存在一个突出的问题——农地非农化配置中的收益不平等问题，这种不平等的现状在"农民利益的保护"文献综述中已经讨论过，在此不再赘述。曲福田、陈江龙和陈雯（2005）将土地资源配置问题扩展到了空间水平上，他们以比较优势为基础分析了各省的土地利用效率，结果发现其存在省级水平上的梯形差异——大部分中部地区农地产出高于其他土地产出，因此具有明显的比较优势；利用C-D生产函数的计算则发现东部地区农地非农化对经济增长的贡献率要高于其他地区。② 上述研究成果强调了土地资源配置的政策需要考虑空间差异因素。

农地资源配置问题的另一个方面是配置过程中的价值（权益）损失。陈兴雷（2011）以曲福田（2006），谭荣（2006），许恒周（2008），韩玉婷、王桂波、李世平（2012）就农地资源的农地非农化过程中产生的损失的理论为基础，将这些损失归纳为三种：经济发展所需的代价性损失，市场失灵引起的农地数量的过度性损失Ⅰ和政府失灵引起的过度性损失Ⅱ。

许恒周和郭玉燕（2010）的理论分析研究则以一般性的市场失灵与中国农地市场的市场失灵所引起的农地非市场价值的配置损失结合起来。同时还分析到当今中国农地的市场失灵体现在市场经济发展的不完善，以及政府职能的转变不到位。韩玉婷、王桂波、李世平（2012）通过柯布道格拉斯函数等分析了关中地区农地非农化的情况，发现2000~2007年关中地区由于对农地资源生态价值的忽视和政府配置土地失灵，其农地非农化过程中存在农地资源过度非农化的现象。陈兴雷（2011）以曲福田（2006），谭荣（2006），许恒周（2008）等的农地非农化的代价性损失和过度性损失的理论为基础，

---

① 姜和忠，徐卫星. 农地非农化配置中的收益分配问题：基于可持续发展理论的公平原则 [J]. 中国土地科学，2011，25（6）：65.
② 曲福田，陈江龙，陈雯. 农地非农化经济驱动机制的理论分析与实证研究 [J]. 自然资源学报，2005（2）：231.

对农地非农化的空间均衡配置分别进行了理论和实证的研究。理论研究确定了土地价格对农业用地空间均衡的影响：即当农村土地的价格高于城市土地时，农地非农化市场存在空间均衡，具体表现为城市地价由城市中心向外围递减的空间结构，进而形成了在均衡空间的临界水平；实证研究以农地非农化的代价性和过度性消耗模型为工具，构建出了南京市城市地价的空间模型。实证研究结果表明南京市的农地非农化进程中存在着明显的过度性消耗，并且政府的失灵是其主要原因。基于此，研究提出了针对上述问题的政策建议来规范南京市的城市土地规划和管理。王莹（2011）以农地资源的配置效率为出发点通过实证研究发现我国农地在非农化过程中存在部门间配置效率损失和地区间空间配置效率损失。曲福田、谭荣（2006）的实证研究也发现了我国长江三角洲、珠江三角洲、环渤海和成渝四大经济带农地非农化的空间配置效率损失。谭荣、曲福田（2007），苑莉（2012）在上述研究的基础上使用了逻辑斯蒂曲线模拟农地产权转移数量的供需，分析了四川省乐至县三个不同时期的农地产权转移情况，结果显示这三个时期的代际配置效率的低效。① 这说明需要政府实时观察产权的转移情况以便及时调整农地产权转移数量，实现合理的农地资源代际配置。

当然，农地非农化是经济发展的一个必要过程，对于农地资源的配置在减少过度性损失的基础上还要遵循经济发展的需求（曲福田，2005）。这里就需要把握一个"度"，即为了发展经济所需要农地非农化的最优数量，表现为农地非农化的边际效益（MR）与包含生态效益的边际成本（MC）交点处所对应的数量，量化为实际非农化数量的78.3%。从而保证土地资源投入的效益和效率最大化（谭荣和曲福田，2006）。

6. 土地制度的变迁和改革研究综述

目前农地非农化征地制度的基本原则源自我国计划经济时期的法律②。对

---

① 谭荣，曲福田. 中国农地非农化与农地资源保护：从两难到双赢 [J]. 管理世界，2006（12）：50.
② 李小璇. 农地非农化进程中农地征用收益分配探析 [J]. 福建商业高等专科学校学报，2013（1）：72-75.

于现阶段我国农地非农化出现的问题,最根本的解决方法是对现有土地制度进行改革。现有研究认为改革可以从以下几个方向进行:

第一,明确产权。产权是农地制度改革的一个核心问题。由于体制的特殊性,我国现在实施的是集体土地所有权制。张晓山(2015)认为这种产权制度在实践中的最大问题是"集体"概念的虚幻,即集体产权的难以界定。此外,集体产权的不明确使集体之外的地方政府等主体来支配集体财产。汪险生(2013)将上述情况概括为"权利二元"的土地制度。杨志荣、吴次芳、刘勇(2008)认为这种对于农村土地产权的模糊定义使《土地管理法》中缺少保障农民土地所有权的具体规定,从而在各类土地问题上弱化了农民的所有权。① 卜婷婷(2012)发现正是土地产权机制的不健全,造成了地方政府对土地资源的垄断,导致政府失灵。臧俊梅和王万茂等(2008)还认为产权制度的不完善还会引起日后土地增值的分配混乱。苑莉(2012)提出由于农地资源的不可再生性,其代际利用效率的损失也是农地产权合理配置问题。上述研究说明了明确的产权制度和合理的产权流通制度是土地资源合理配置的重要保证。董德坤、朱道林、王霞(2004)还认为明确、完善的集体土地产权确定是征地外部性消除的根本途径。此外《土地管理法》中过大的土地征用范围以及较低的补偿标准容易造成地方政府滥用职权,甚至产生农地的"寻租行为"。而土地分配制度的缺陷则加剧了地方政府利用农业用地谋取利益的做法。② 诸培新(2005)认为明确土地产权的主体是提高农地非农化配置效率和公平性的首要任务,其次要完善土地承包制度,给予农民长期有保障的土地产权。因此土地制度的改革首先要明确产权。

第二,产权改革。对于土地产权的改革问题上,有些研究建议统一实现土地国有化,也有研究建议统一实现土地私有制。然而,上述提议都不符合我国的国情。中国的产权改革必须从中国的实际出发,张建、汪应宏、毛璐、

---

① 杨志荣,吴次芳,刘勇. 中国东、中、西部地区农地非农化进程的影响因素[J]. 经济地理,2008(2):286.

② 董德坤,朱道林,王霞. 农地非农化的外部性分析[J]. 经济问题,2004(4):55.

中国农地非农化的制度变迁和创新

胡贵（2008）认为完善集体所有制是中国产权制度改革的现实选择。对于土地产权问题的改革，国家政府已经颁布了多项决定和法案，比如《国务院关于深化改革严格土地管理的决定》，2014年中央"一号文件"等，来优化我国的农业用地产权配置，大量学者也提出了自己的观点：刘力、邱道持、曹蕾、粟辉（2005）从完善产权制度出发，提出要重点解决农村土地所有权主体不明确和主体缺位的问题，并完善土地承包权制度。林卿、王莹（2012）建议可以建立土地发展权，将其视作农地资源可以转为非农使用并进入市场交易的权利。在这里，国家土地资源可持续利用的管理目标已具体化为对农地转为非农使用量的控制。孙长忠（2008）提议就公权与私权、行政权力与农民土地的财产权利的操作关系对《土地管理法》进行修改。张晓山（2015）提出了更为直接的方案——将农村集体经济组织的单个成员权利转化为以农户为单位的成员权利，将集体经济组织中农户成员的土地承包经营权和其他集体资产权利固化到某一个时间点，使成员权利与财产权利相统一。①刘伯恩、吕宾和阎国芹（2009）认为应该以"淡化所有权，强化使用权"作为土地产权制度的中心，以促进土地产权承包权的流转；同时创立农地发展权以控制农地非农化的数量。② 李小璇（2013）认为农地发展权还是解决土地资源分配不均的根本方法之一。

第三，收益分配改革。丁同民（2007），刘玲、王慧（2007）认为需要理顺土地收益分配机制，使得农民拥有谈判权；姜和忠、徐卫星（2011）强调严格控制征地范围，以市场价值为基础制定土地补偿制度。邓健（2010）强调了一个以耕地补偿为中心的耕地保护制度的构建。张志泽、王丽（2011）提议将征地范围严格限定在"公共利益"的范围之内已达到明确政府征地范围的目的。刘勇智（2005）也提出要区分征地的公共利益目的和经营性目的，可以采用立法的方式明确界定公共利益目的概念和范围。王敏（2008），杨志

---

① 中国社会科学院农村发展研究所"农村集体产权制度改革研究"课题组，张晓山．关于农村集体产权制度改革的几个理论与政策问题［J］．中国农村经济，2015（2）：4.
② 刘伯恩，吕宾，阎国芹．对守住18亿亩耕地红线的思考［J］．国土资源，2009（6）：30.

荣、吴次芳、刘勇（2008）建议建立起一套高额的奖惩制度，这样可以有效地防治地方政府因为违规收益大于违规成本而进行农地的过度非农化。王敏（2008）提议将土地利用率、失地、失业农民的保障等指标作为官员的绩效考核依据。张飞（2006）也提出相似观点，强调了要树立政府关于土地管理方面的正确的政绩观。董德坤、朱道林、王霞（2004），张长忠（2008）都认为应该提高农业补贴，以此来激励农民进行农地保护。张宏斌和贾生华（2001）认为政府应该提高农民农地经营收入，以增加农民保护农地的动力。任旭峰（2012）建议土地税费体系应该以长期刚性制度为中心，辅以短期弹性费用制，从而减少社会交易成本。张飞（2006）也认为要完善财税体制，防止地方政府为了追逐财政收入而进行土地的违规操作。张飞（2006），刘玲、王慧（2007）认为还需要加强农地非农化的监管力度，这种监管不仅仅是政府对个人，也是个人或社会对政府的监管。① 王家庭、陈天烨和冯树（2015）认为制度改革——土地确权和土地流转制度改革及生态补偿和耕地保护制度改革，是确保"土地红利"释放的有效途径。② 王彦玲（2009）建议我国可以效仿韩国等国建立相应的农地保护法律。

三、国内外研究现状评述

从以上综述来看，本研究的国外理论文献比较充分，但现实可供借鉴的经验仍显不足。国内的已有研究具有重要意义和参考价值，但也呈现出以下三个特点：一是对城市土地市场研究得比较多；二是对农村土地问题的研究主要涉及地权稳定和农地内部流转等，对农地使用权市场发育的研究也往往局限于农村内部区域，而忽视征地制度为事实的前提；三是虽然近几年对农地非农化流转和征地制度改革的研究增多，但较多的属于就事论事，较少联系整个市场体系和制度问题，或仅涉及方向性的认识及结论，所以未给出深

---

① 张飞．中国农地非农化中政府行为研究 [D]．南京农业大学博士学位论文，2006．
② 王家庭，陈天烨，冯树．改革视角下中国新型城镇化红利及其释放路径 [J]．区域经济评论，2015（3）：149．

度的理论解释以及可供实际操作的体制改革路径和制度设计及配套政策建议。可见，对我国农地非农化及土地资源市场配置效率公平问题，表现出较明显的由于把三者孤立起来进行研究而导致的种种不足，而这正是当前我国农地资源非农化流转配置问题的实质所在。所以，本项研究在国内同类研究中仍然具有很大的探索性和相当的研究空间。

第三节　研究内容和创新点

一、研究内容

本书的研究共分为六个部分。其主要内容和观点如下：

（1）问题的提出和文献综述。主要论述本书研究的理论基础、背景意义、思路方法和研究内容，并对现有国内外相关文献进行综述和评价。

（2）从农地征收机制、农地补偿机制和监管机制等方面对美国、日本和韩国等发达国家城镇化过程中处理农地非农化的制度进行了分析。美国、日本和韩国处理城镇化过程中农地非农化问题的做法主要有以下方面：集约化地利用有限的土地资源，这方面比较典型的是日本的"圈层模式"；借助于数学模型评估土地转型后的得失，如美国的价值评估方法（UVA）和优惠不动产税评估法（PA）；将农地分区或者分类并制定不同的制度进行区别管理，如美国将土地分为四类，韩国将土地分为农业振兴区和农业保护区；建立完备的、能够动态更新的土地法律保护体系等。

（3）我国农地非农化制度变迁及其存在的问题与原因分析。首先回顾了新中国成立以来我国农地非农化制度的变迁，通过梳理和分析新中国成立以来近20个具有代表性的有关农地非农化的法律法规，并就浙江嘉兴的"两分两换"模式和中原经济区的"人地挂钩"模式所进行的具体尝试进行了重点论述与分析。接着基于产权理论、要素价格理论和资源配置理论结合中国"地少人多"、城镇化速度不断加快的实际，探究我国农地非农化实际的运行机制,总结出我国农地非农化的"三种实现途径"和"两种存在方式"。研究发现,当前我国城镇化进程依然不断加快,土地要素不断流向城市,但由于各种条件限制,安置政策无法全部到位,因征地释放出的劳动力大量滞留农村,城乡二元结构问题愈发突出,城乡差距不断扩大,影响了经济的持续高效发展和社会的安全稳定。究其原因可以从政府、法律和制度层面进行分析。

(4) 从市场制度创新框架、有形市场体系创新和宏观调控制度创新等方面探讨我国农地非农化制度创新,通过培育土地市场的主体,逐步确立完备的市场规则,最终建立一个在政府有效管制下,城乡统一的、具备良好竞争环境的土地市场结构和创新框架。我国农地非农化市场发展路径及框架体系的创新需要构建完善的征地用地、土地市场法律法规和土地市场价格机制,需要在转变政府在土地市场中的职能角色,合理界定供求双方等市场主体的权利义务等方面进行制度创新。同时,构建能够根据社会经济发展需要动态更新的土地资源非农化配置体系、价格管理体系、收益分配体系、市场法律体系和中介服务体系等一系列全方位、多联动的农地非农化流转有形市场体系。在宏观调控层面,理应始终坚持发展、保护与协调并重,据此来构建我国农地非农化的宏观调控制度,以实现保持社会经济高速发展的同时完成农地非农化的优化配置。

(5) 实证分析。运用动态面板 GMM 估计方法实证分析了 1996~2013 年河南省 18 个地市的耕地面积变化与城镇化水平之间的关系,发现河南省在 1996 年至 2013 年的耕地面积保持稳定增长态势;基于动态面板数据的进一步分析,发现城镇人口的增加,第二、第三产业的发展以及城市建设用地面积的增加并没有导致耕地面积的显著减少,反而对耕地面积有一定的乘数作用;河南省城镇人口比重在 19.35% 至 32.149% 之间变动时,随着城镇化水平的提高,耕地面积反而增加,耕地面积变化与城镇人口比重变化之间呈现出倒"U"型的曲线关系。实证结论说明,进行必要的制度创新,在促进城镇化水平不断提高的同时,能够保证耕地面积的不减反增,制度创新是农地非农化向健康方向发展的保证。

（6）制度创新对策和应对措施。根据以上各部分研究结论，最后提出了城镇化过程中农地非农化的制度创新的五个目标，以及围绕这些目标提出五个政策建议和创新措施：加强资源总价值观，健全土地收益分享机制；改革土地产权制度，完善征地补偿办法；规范政府行为，严格管控征地后的投资开发；合理规划土地利用，加强农地保护；提高工业化水平，推动城镇化高质量发展。

二、研究的重点、难点

（1）解决思想认识问题。虽然农地资源有其特殊性，但在社会主义市场经济条件下农地非农化也要发挥市场在其配置中的基础性作用。这个认识问题看似解决，其实还没有很好解决。通过对国内外农地资源配置问题的理论规范和实证分析，试图解决此问题。

（2）中国特色农地非农化流转市场理论的自主创新。外国的理论不可照搬，必须结合我国国情进行自主理论创新，本书试图在当前我国二元结构体系约束下，进行以城乡土地使用权权能一致性为核心的城乡统一的农地非农化流转市场理论创新。

（3）双层的制度体系创新与构建。从制度上保证更好发挥土地市场在农地非农化配置中的基础性作用，关键在于制度体系创新与构建：一是基于城乡统一的农地：非农化流转市场理论的中国特色农地非农化市场制度及市场体系创新；二是整体性的农地非农化市场宏观调控制度创新。二者相辅相成，缺一不可。① 另外，实证分析的部分有效数据较难获得，相关统计及绩效分析也有一定的难度。

三、创新点

本书创新点主要体现在以下三个方面：

---

① 董艳丽．城镇化过程中农地非农化的问题及制度创新研究 [J]．现代商贸工业，2017（31）：19.

（1）方法论的创新。从市场经济发展规律角度出发，运用制度经济学和现代市场理论建立城乡统一的农地非农化市场理论分析框架，并把计划有机地纳入市场机制配置农地资源框架内的观点，打破学术界不同程度存在的关于城乡土地市场问题研究的"两张皮"思维定式，是研究方法论上的创新。

（2）理论创新。明确提出和系统论证中国农地非农化市场理论，其核心是我国城乡土地使用权权能一致性原理。这个新理论解释了我国城乡土地市场为什么被割裂以及割裂的矛盾和危害；为什么农地非农化市场必须统一以及如何才能统一；在城乡统一的农地非农化市场机制作用下，研究农地资源非农化有效配置及其实现社会福利最大化的理论与实际问题，从而为中国特色农地非农化市场制度创新奠定了强有力的理论基础，这是结合中国国情进行的有益的自主理论创新。

（3）制度创新。基于上述新理论，通过打破国家行政征地垄断、农地直接合法合规入市的发展路径，构建出城乡统一的农地非农化市场制度创新框架及其完整的市场体系，整体性的农地非农化市场宏观调控制度，社会系统性的政府职能转变等配套改革措施与政策建议组合，经过实证和实践检验成熟了的用地制度加以固化，这样就会从制度上保证更好发挥市场机制在农地资源非农化配置中的基础性作用，保障与实现农民的土地财产权益。

第四节 研究思路和方法

一、研究思路

本书始终围绕农地非农化的计划（行政）手段与市场机制配置问题展开立论，即如何更好地对农地非农化进行科学合理的配置是研究的主线；把我国农地资源的行政计划配置形式转换为（纳入）市场机制配置形式的框架内是问题的核心;进行中国特色的城乡统一的农地非农化流转市场理论创新是其制度创新和解决问题的重要基础;找准农地非农化流转市场发展的合适路径和推进机制,提出城乡统一的农地非农化流转市场制度创新框架及其完整规范的市场体系、整体性的农地非农化流转市场宏观调控制度和社会系统性配套改革措施与政策建议组合是关键;从制度上保障实现农地资源非农化高效利用和社会福利最大化是本书研究的目的和落脚点;实证分析是检验本书研究成果的重要方面。如图1-1所示。

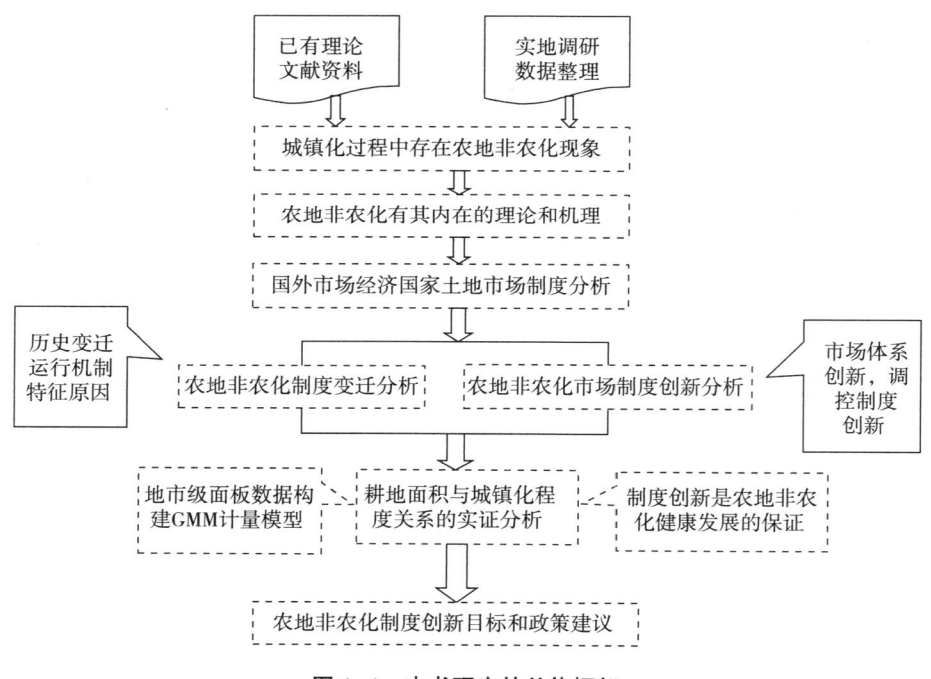

图1-1 本书研究的总体框架

二、研究方法

整体的结构主义研究方法。运用"整体(宏观)—结构(中观)—个体(微观)"三层次分析方法,既深入到农地非农化流转问题的微观层次——土地产权、价格、收益等问题;① 又从中观层次涉及征地制度改革、城乡土地市场的衔接和统一、农地非农化流转市场制度及体系创新和农地资源非农化市场配置问题;还从宏观层次涉及农地非农化流转市场的国家宏观调控制度及其配套政策设计和社会福利最大化等问题。只有进行了三个层面的整体把握及其问题的有效处理,才能最终解决农地资源非农化有效流转配置问题。

理论概括与数理演绎相结合、定性与定量相结合的研究方法。系统梳理经济学相关理论成果,运用制度经济学的交易成本分析方法和微观经济学中的市场有效性理论,明确提出和系统论证当前我国二元结构体系约束下的中国城乡统一土地使用权权能一致性原理,并通过对城乡统一土地使用权权能一致与不一致等不同产权性质约束下的多重定量分析和数理演绎,构建出我国城市土地市场和农村土地市场实现有效对接的城乡统一的农地非农化流转市场模型和理论框架,为其制度创新奠定重要理论基础。

理论分析、实证研究和对策研究相互佐证的研究方法。对于复杂的农地配置问题的研究,需要理论研究、实证研究和对策研究相互佐证。对策研究是本书理论和制度创新实现的保障条件,而实证研究则是对本研究成果的检验、修正和完善,为本书研究成果推广、运用提供切实可行的依据。

---

① 顾欣. 我国农地非农化进程的微观驱动机理研究 [J]. 南通大学学报(社会科学版),2015,31 (3):140.

第二章 国外市场经济国家土地市场制度分析

城镇化指的是人口以及产业由农村地区向城市地区的迁移过程。在当代城镇化进程中,最突出的问题就是城市化的迅速扩张与日益减少的农地,以及自然资源之间的矛盾,这种矛盾对于人均资源占有量较低的国家来说尤为突出,虽然各国的农地面积占比有所不同,农地资源的多少最终取决于国土面积和人口密度等指标①(见表2-1)。

表2-1 2016年世界主要国家国土面积和人口密度

国家或地区	国土面积（万平方公里）	年中人口数（万人）	人口增长率（%）	人口密度（人/平方公里）
世界	13432.5	744214	1.18	57
中国	960.0	137867	0.54	147
印度	298.0	132417	1.15	445
日本	37.8	12699	-0.11	348
韩国	10.0	5125	0.45	526
南非	121.9	5591	1.62	46
加拿大	998.5	3629	1.21	4
墨西哥	196.4	12754	1.30	66
美国	983.2	32313	0.69	35
巴西	851.6	20765	0.82	25
法国	54.9	6690	0.41	122

---

① 王彦玲. 工业化国家处理农地非农化问题的启示 [J]. 边疆经济与文化, 2008 (3): 61-62.

第二章 国外市场经济国家土地市场制度分析

续表

国家或地区	国土面积 （万平方公里）	年中人口数 （万人）	人口增长率 （%）	人口密度 （人/平方公里）
德国	35.7	8267	1.19	237
意大利	30.1	6060	-0.21	206
俄罗斯	1709.8	14434	0.17	9
英国	24.4	6564	0.78	271
澳大利亚	774.1	2413	1.41	3

资料来源：世界银行世界发展指标数据库。

农业作为基础性产业，在保障国家的粮食安全的同时也为第二、第三产业提供了生产要素。① 农业以种植业为主，所以土地在农业的地位尤为重要。农业用地面积的变化直接影响着粮食产量的稳定性。而城镇化进程不可避免地消耗着农业用地。因此，世界各国在城镇化进程中都面临着相同的问题：如何保证城镇化与农地保护之间的平衡。②

表2-2 2015年世界主要地区和国家农业用地

单位：百万公顷，%

国家或地区	农地面积	耕地面积	土地面积	耕地面积/农地面积	农地面积/土地面积
世界	4928.93	1407.84	13009.34	28.6	37.9
亚洲	1651.28	482.25	3103.32	29.2	53.2
美洲	1225.50	369.69	3879.10	30.2	31.6
欧洲	469.91	277.14	2213.34	59.0	21.2
非洲	1172.20	231.45	2964.92	19.7	39.5
大洋洲	410.04	47.32	848.65	11.5	48.3

① 钟水映. 东亚地区工业化、城镇化与农地非农化的协动性研究［C］//中国土地学会. 节约集约用地及城乡统筹发展——2009年海峡两岸土地学术研讨会论文集. 中国土地学会，2009.
② 李大威. 城镇化进程中农地非农化机制与制度创新研究［D］. 郑州大学硕士学位论文，2013.

续表

国家或地区	农地面积	耕地面积	土地面积	耕地面积/农地面积	农地面积/土地面积
中国	515.36	106.32	942.47	20.6	54.7
美国	405.44	151.84	914.74	37.5	44.3
澳大利亚	396.62	46.22	768.23	11.7	51.6
巴西	278.81	76.01	835.81	27.3	33.4
俄罗斯	216.84	122.24	1637.69	56.4	13.2
印度	180.28	157.00	297.32	87.1	60.6
阿根廷	149.20	39.70	273.67	26.6	54.5
墨西哥	106.71	22.98	194.40	21.5	54.9
加拿大	65.25	45.92	909.35	70.4	7.2
法国	28.77	18.31	54.76	63.6	52.5
英国	17.25	6.27	24.19	36.3	71.3
德国	16.70	11.88	34.85	71.1	47.9
意大利	13.63	6.83	29.41	50.1	46.3
日本	4.54	4.24	36.46	93.4	12.4
韩国	1.77	1.50	9.75	84.6	18.1

数据来源：联合国粮食与农业组织。

通过表2-2可以看出，从区域角度来看，亚洲由于传统农业国家较多，因此农地面积平均水平较高；欧美因为工业国家较多，产业中心不在农业，因此农地面积水平相比之下较低。从国家角度来看，中国、美国、澳大利亚、印度、阿根廷、墨西哥等国家的农地面积占总土地面积的比例均超过了世界水平。①

但是需要引起注意的是，发展中国家因为大都是"人多地少"，比如中国、印度等国，因此其农地保护的问题尤为突出。而相比之下，一些欧美发达国家，比如美国和澳大利亚等国，由于"人少地多"的国情使农地面积减

---

① 王彦玲. 工业化国家处理农地非农化问题的启示 [J]. 边疆经济与文化, 2008 (3)：61-62.

少的问题不是那么严峻。但是，出于对长期可持续发展的考虑，欧美发达国家在农地非农化问题上大多以"农地保护"为中心，强调城市发展与农地保护的协调发展。

此外，国外的市场经济国家城镇化进程较中国早，因此在经济发展过程中积累了众多的经验。因此本章选取美国、日本和韩国为国外市场经济国家的代表，对上述三个国家的城镇化进程以及期间的农地非农化进行研究分析。其中美国是"人少地多"发达国家的典型，其对于土地管理和保护的立法和管理体系非常完善；而日本和韩国的国情则与我国相似，人口密度较大。这三个国家的农地非农化经验会为中国提供非常实用的土地管理和农地非农化经验。

如图2-1所示，美国、日本和韩国的城镇化水平和工业化水平都超过了世界平均水平。三个国家的城镇化水平都在"二战"后得到快速发展。其中韩国的城市人口比例增长迅速，城市化水平现在与美国持平；而日本的城镇化水平则高于美国和韩国。[①]

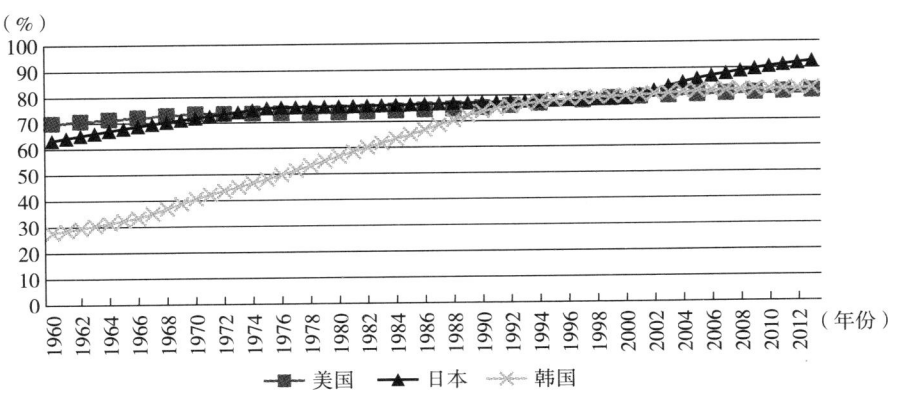

图 2-1　1960~2013 年美国、日本和韩国的城镇化水平

注：城镇化水平=城市人口占总人口比例=城市人口/总人口。

数据来源：世界银行世界发展指标数据库。

---

① 钟水映. 东亚地区工业化、城镇化与农地非农化的协动性研究［C］// 中国土地学会. 节约集约用地及城乡统筹发展——2009年海峡两岸土地学术研讨会论文集. 中国土地学会，2009.

而从工业发展水平上来看,韩国的工业化水平近 20 年来较稳定,且远远高于日本和美国。日本和美国的工业化水平相比于韩国出现了逐渐下降的趋势(见图 2-2)。

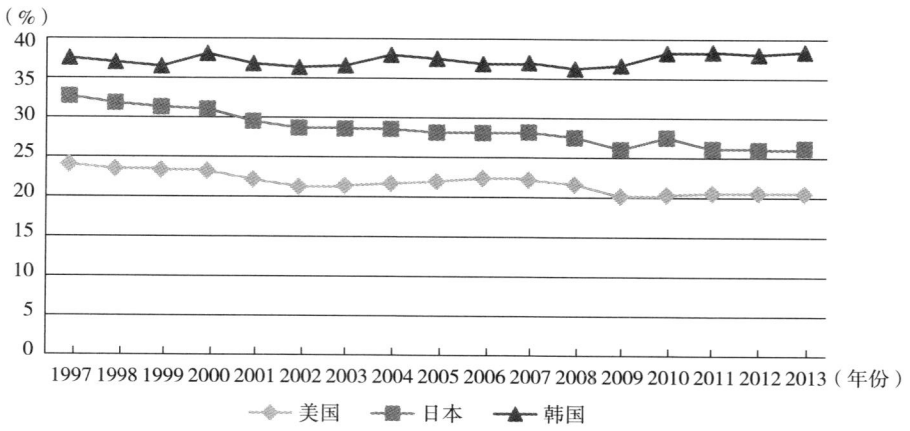

图 2-2　1997~2013 年美国、日本和韩国工业化水平

注:工业化水平=工业增加值/国内生产总值。

数据来源:世界银行世界发展指标数据库。

图 2-3 以农地面积变化率为指标衡量美日韩三国的农地非农化情况。从中可以发现,首先日本的农地面积一直在持续减少,减少速度在 1962~1976 年间(第二次世界大战后的经济重建时期)较高,之后有所减少并趋于平稳;美国和韩国农地面积变化以减少为主,尽管其面积在 1962~1968 年断断续续出现了较大幅度的增加,但是后来美国和韩国的农地减少速度要高于日本。

本章以美国、日本和韩国为例,探讨这三个城镇化水平较高的国家的农地非农化运行机制,为中国的农地非农化提供参考。

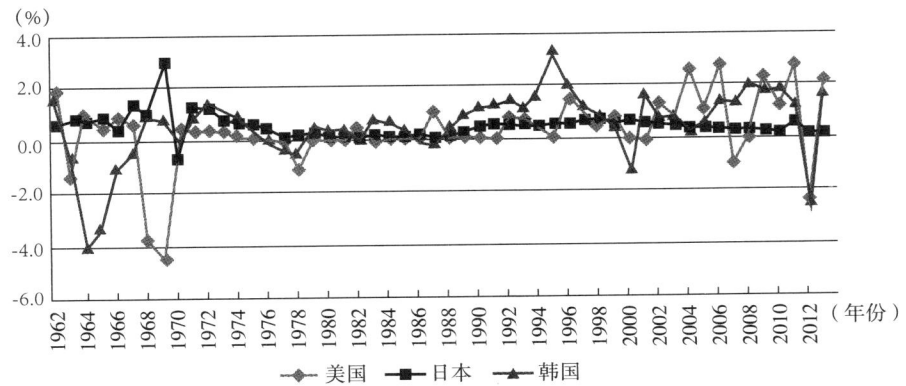

图2-3 1962~2013年美国、日本和韩国农地非农化情况

注：农地非农化情况＝1-(T年农地面积/T-1年农地面积)。该值用来说明农业用地的变化速度，同时该值为正数说明农地减少，负数说明农地增加。

数据来源：联合国粮食与农业组织。

第一节 美国：合理协调城市化的发展与农业用地的保护

美国是世界第一大经济强国。2014年GDP为168000亿美元，较2013年增加1.88%。国土面积937万平方公里，人均密度为34人/平方公里。2014年农业占GDP的1.6%，工业占GDP的20.6%，服务业占GDP的77.8%。美国中部多平原地区，东西部分别为山区和丘陵。

美国土地主要用于农作物耕种、林业以及畜牧业，其中农业用地占比最大。根据2012年美国农业部发布的《农业资源和环境指标》①，2007年美

---

① 美国农业部发布的 Agricultural Resources and Environmental Indicators, 2012 Edition, 该公告每6年发布一次。

国有大约51%的土地①用于农业生产,这包括耕种、畜牧业、农庄和农业道路用地。从美国土地的主要用途可以看出美国农业在其经济中的重要性(见图2-4)。

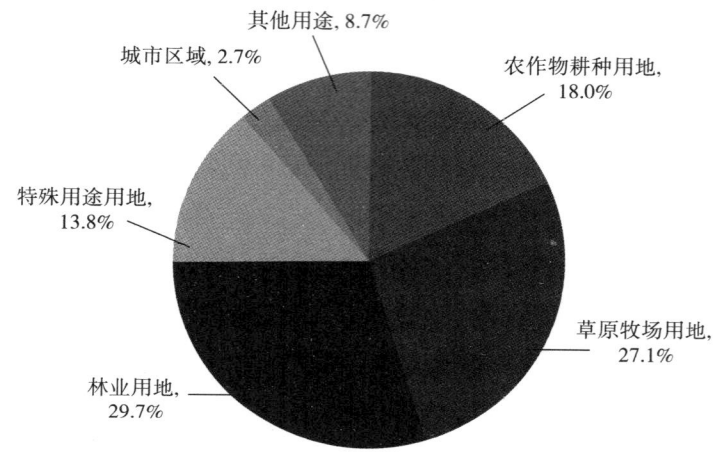

图2-4 2007年美国土地使用情况

数据来源:美国农业部。

在美国成熟的农业管理和法律体系的支持下,美国的农业具有极高的国际竞争力。尽管美国的农业经济数据不能明显突出它在其经济中的重要地位:2013年农业和农业相关产业的GDP为7890亿美元,占总GDP的4.7%。而农业增加值占GDP比重也是长期在1%左右浮动。但是农业在美国经济中具有重要的战略意义:美国农业部在成立之初就把农业定位为制造业和商业的基础。美国农业虽然在GDP的比重低于服务业和制造业,但是却为其他产业,特别是制造业,提供了大量投入要素。美国农业在其经济中的重要地位使得美国的国土资源保护也主要集中在农业用地上(见图2-5)。

---

① 这里的农业用地不仅包括耕地,还包括其他用地中用于农业用途的。美国的林业用地面积最大主要是因为阿拉斯加州广阔的森林。

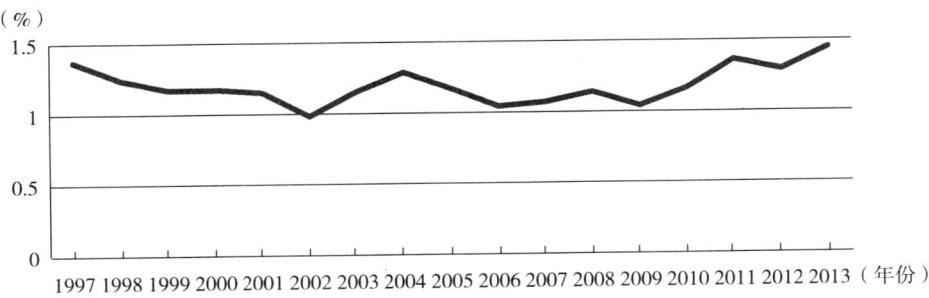

图 2-5　1997~2013 年美国农业增加值占 GDP 比重

数据来源：世界银行世界发展指标数据库。

本节将首先介绍美国的土地管理制度，其次对美国在城镇化过程中的土地规划进行分析并研究其中的农业用地的变化，最后对美国的农地非农化问题进行详细、条理的研究分析。

一、美国的土地管理制度

美国是典型的市场经济国家，实行的是联邦管理制度。美国的土地管理制度主要有以下几个特点：

（1）联邦分权管理制度。在市场制度下，美国的土地归属不同的主体，联邦政府、各州政府以及私人都拥有土地所有权。

在联邦政府层面上，美国政府主要对国家公园、国家野生动物保护区、军事保留地、联邦监狱以及公共区域土地具有所有权，这些土地被统称为联邦土地（Federal Lands），大约占美国总土地面积的 30%。联邦政府的主要职责之一就是管理和保护这些土地。在联邦政府体制内，内政部（Department of Interior）、农业部（Department of Agriculture）、国防部（Department of Defenses）和田纳西流域管理局（Tennessee Valley Authority）以及其下属部门具体实施土地的管理和保护。这些政府机构也各司其职管理不同用途的土地。

在州政府层面上，各州主要管理在其管辖范围内的州政府所有的土地以及水资源、水库保护区等，这部分土地被称为州政府土地（State Lands）。这部分土地还包括印第安原著居民（Indian Lands）保留地。由于美国联邦制度的特殊性，州政府在土地管理上具有较高的自主权，在管理体制上也与联邦政府不同。

地方政府以土地利用区划法规为主要手段，以土地细分规定为辅助手段来开发和保护土地资源①。在公民层面上，美国有60.2%的土地属于私人所有，私人土地的管理主要是通过政府的有关部门实施协调管理（见图2-6）。

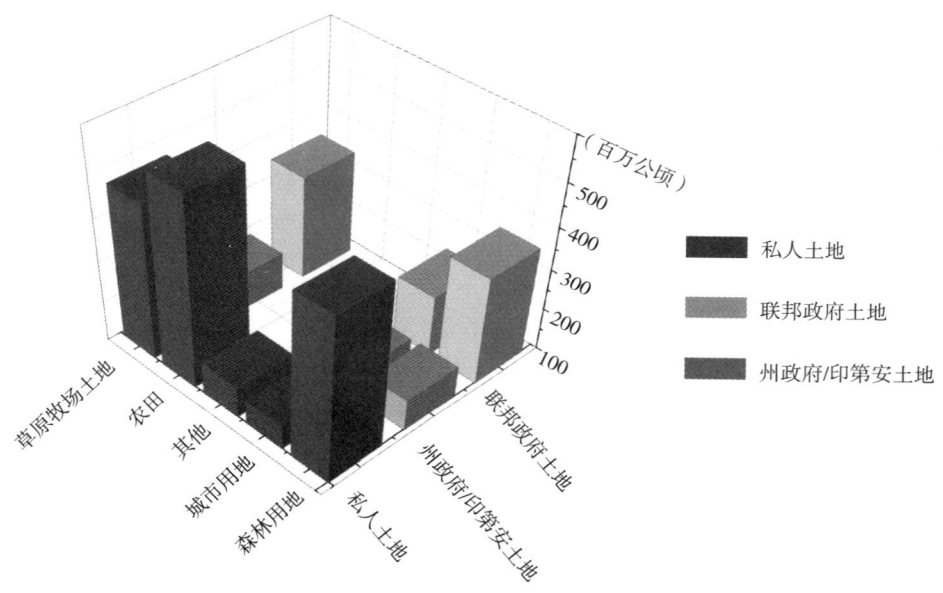

图2-6　1992年美国土地所有权情况

数据来源：美国农业部。

（2）土地的有偿使用。由于美国的土地归属于不同的主体，因此如果想使用其他主体的土地，就必须购买使用权或所有权。比如，联邦政府想使用私人的土地，就必须取得私人土地所有者的同意并通过直接付费或补贴的形式进行有偿使用。这一点对美国的水土保护储备计划（Conservation Reserve

---

① Daugherty, A. B. Major Uses of Land in the United States [J]. United States Department of Agriculture Economic Research Service, 1995 (9).

Program）以及下文提到的开发权利购买（PRD）等非常关键，正是有偿使用的机制才能保证美国的一些土地保护计划在农业用地所有者之间顺利开展。

（3）非常重视国土资源保护。作为世界经济强国，美国在经济发展过程中不可避免地遇到了膨胀的经济发展需求与有限的土地资源之间的矛盾，特别是城镇化过程中对农业用地的侵占问题。美国政府非常重视国土资源保护，因此制定了很多相关法案、提案和项目来约束经济发展对国土资源的利用，包括：《NRSC 储备计划》（*NRSC Conservation Program*），《密西西比河盆地健康流域提案》（*Mississippi River Basin Healthy Watersheds Initiative*），《五大湖区恢复提案》（*Great Lakes Restoration Initiative*），《资源储备技术支持项目和活动》（*Conservation Technical Assistance Program and Activities*）等。这些法案、提案等涵盖面极广，包括了土地、森林和河流等自然资源的保护和利用，并且每隔几年都要重新审议。

（4）对农业用地的保护。美国土地主要用于农作物耕种、林业以及畜牧业，其中农业用地占比最大。因此美国的国土资源保护也主要集中在上述土地。农业部下属的自然资源保护局主要负责农业用地的保护管理。美国政府为农业用地的保护和管理提供了强大的法律政策以及资金支持，因此美国的农业用地保护在全球范围内是最为规范的。美国农业部等相关部门颁布了一系列针对农业用地的管理和保护政策和措施。[①] 在这些政策中，《农业用地保护政策法案》（*Farmland Protection Policy Act*）较为出名。该法案的提出主要是因为20世纪80年代开始美国农业用地面积的逐年减少以及在城镇化过程中出现的城市扩张（Urban Sprawl）极大地威胁了美国的农业用地。该法案的主要目的是减少因为联邦政府项目而导致非必要和不可逆转的农业用地非农化，法案中特别提到不会给联邦政府任何管理非联邦土地的权利，以保证非国有的农业土地管理的民主和公平性。

---

① 何雪琳. 城市化背景下的美国农地保护［J］. 沿海企业与科技，2016（6）：37.

中国农地非农化的制度变迁和创新

二、美国城镇化过程中的农业用地保护

由于西方发达国家大都是"人少地多"的国情,因此相比于"地少人多"的国家来说,西方国家城镇化与农地保护之间矛盾并不是那么明显。[①] 但是从长期发展角度来看,农业用地的减少势必会对粮食产量造成影响,不仅威胁到国家粮食安全,还会直接影响到以粮食为主要生产资料的产业的发展。美国作为"人多地少"国家的典型,在城镇化进程开始之时就考虑到了农业用地的保护。因此,其农地非农化机制也是以农地保护为中心思想。本节介绍美国的城镇化进程并分析了在该进程中美国的农地保护机制。

经济发展必然会伴随着城镇化过程,主要是因为日益增加的工业生产能力对生产要素之一——土地需求的上升以及城市人口快速增长对居住地的需求也在上升[②]。城镇化能缩小经济个体之间的物理距离,便利人们的日常生活以及生产活动。城镇化在美国的主要表现为从城市边缘地带开始向四周辐射以及在农村地区的城镇化过程。"二战"之后居民汽车拥有量的上升以及人们对低(人口、建筑群低密度等)发展模式的向往使得美国的城镇化步伐逐年加快,特别是在20世纪80年代城市面积增长了两倍之多。过快的城镇化进程会导致农村地区农业土地的减少,其中以农作物耕地和牧场用地受到的影响最大。[③] 这种"非健康"的城市增长引起了政府的重视,美国政府开始着手管制城镇化并对非城市土地进行保护。

(1) 美国城镇化的形式。美国的城镇化主要表现为以下两种形式:一是以从城市边缘地带开始向四周农村地区辐射的城市扩张。这种城市扩张最为普遍。随着城市人口的增多以及交通的便利,人们开始追求一种低密度的发展模式(人口、建筑等的低密度),于是出现了大量的城市人口以城市为中心

---

① 王玲. 城市化与农地非农化关系研究 [D]. 华中农业大学硕士学位论文, 2007.
② 孟宏斌. 新型城镇化、非农化征地与农地增值收益权保护 [J]. 社会科学辑刊, 2014 (4): 55.
③ 王彦玲. 工业化国家处理农地非农化问题的启示 [J]. 边疆经济与文化, 2008 (3): 61-62.

向农村地区的流动。这就形成了由城市边缘地带向四周辐射的城市面积扩张。① 并且美国人口的增长多发生在城市边缘地带。二是在城市与农村连接处或农村地区日益增多的大型住宅项目,也被称为远郊住宅项目。这种住宅项目指的是在一定土地面积内(一般大于10公顷)较为分散的单个住宅(见图2-7)。

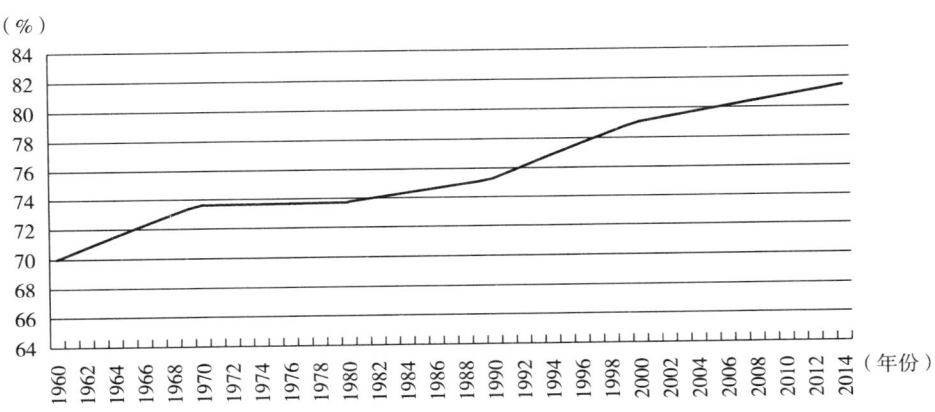

图 2-7　1960~2014 年美国城市人口比例

数据来源:世界银行世界发展指标数据库。

尽管美国城市面积逐年增加,但是在美国总国土面积的占比不到 3%。上述两种城市扩张的形式都对农业用地造成了不可逆转的非农化,但是总体来说,对美国农业的总产值影响不大,人们更担心的是城镇化带来的生态环境问题。

(2) 城镇化背景下的农业用地的保护措施。如果土地拥有者在预期现有农业土地转型于非农业用地后(多为商业和工业地产开发)会带来更大的收益,出于对更高利润的追求,他会将土地转换为非农业用途。城镇化便是通过土地拥有者这种对高收益的追求而对农业用地产生威胁。针对该背景下的

---

① 李锐杰. 城镇化进程中"城市病"的解决对策 [J]. 经济纵横, 2014 (10): 16.

农业用地保护，政府颁布了一系列的政策法案、项目等来保护农业用地。这些保护措施主要对农业土地拥有者给予土地用途转换限制或财政补贴来实现农业用地的保护。美国的土地私有化较发达，因此农业土地所有者多为私人农场主。那么可以将农业用地的保护措施分为两大类，一是针对联邦政府的农业用地保护措施；二是针对私有农业用地拥有者的保护措施。

第一，以政府为对象的农业用地保护措施。20世纪80年代起，美国每年都有百万公顷的农田被非农化。鉴于此，1981年的国会报告呼吁国会应该采取措施保护农田并限制城市扩张，以及治理其带来的污染问题。于是国会通过了《农业和食品1981法案》（The Agriculture and Food Act of 1981），其中就包括了《农田保护政策法案》（Farmland Protection Policy Act，FPPA）。该法案的主要目的是减少联邦政府项目对非必要和不可逆转的农田非农化的影响。法案的保护对象包括基本农田（Prime Farmland）、特种农田（Unique Farmland）、州重要农田（Farmland of State Importance）和地方重要农田（Farmland of Local Importance）①。同时，该法案也规定了受保护的农田不一定必须用于农作物耕种，还可以是森林用地、牧场用地或其他农业用途。该法案对联邦政府的土地使用约束如下：如果某联邦政府资助或协助项目②（比如修建高速公路、扩建机场、电力设施建设等）需要将农田转化为非农业用途，并且这种转化是不可逆的，那么美国自然资源保护局（NRSC）将根据土地评估标准以及土地评价与立地分析方法（LESA）来评估该项目对农田的负面影响是否超过了一定的标准水平。如果项目对农田的负面影响超过标准水平，那么该联邦项目就不能进行相应的农田转化活动。

除了《农田保护政策法案》外，还有其他的一些与国土资源保护相关的法律政策都对政府的农地非农化行为进行了限制或禁止。

第二，以土地私人拥有者为对象的农业用地保护措施。在城镇化过程中，对商业用地、居住项目用地的需求增加。如果此时农业用地的收益低于上述

---

① 以上农田的分类也是美国政府对农田的分类。
② 联邦政府授权项目或非联邦项目以及一些特殊使用用途（比如国防等）不在约束范围内。

用途的收益时，土地拥有者会将农业用地转化为其带来更多收益的商业开发用途。美国的农业用地很大部分是私人所有，这些土地拥有者会因为更高的利益回报而进行农地非化行为。因此，以土地私人拥有者为对象的农业用地保护措施主要通过对土地拥有者不动产税收减免或财政补贴来达到弥补土地拥有者在保留农地时所遭受的预期收益损失，促使土地拥有者保留原有的农业土地。那么就需要衡量土地的价值以拟定相应税收减免金额或补贴金额。在美国有以下两种针对私有土地拥有者的农地保护措施：使用价值评估法（Use-value Assessment）或优惠不动产税评估法（Preferential Assessment）和开发权利购买（Purchase of Development Rights）。

使用价值评估法（或优惠不动产税评估法）在美国每个州都适用。土地拥有者在该方法下以土地的农业生产价值为税基进行纳税。使用价值评估法在评估土地价值时是以该土地被租出去后用于农业生产能够产生的收入为基础，也就是说农田的租金和收入是农业产能的函数。该评估方法是以土地农用后的产能为评估标准，而非其非农化后的潜在收益，后者的金额要高于前者。这实际等同于税收的减免。但现实情况是使用价值评估法下的税收减免远不及土地使用者将土地非农化后得到的收益，因此该方法的激励效果很小，同时还给财政带来了一定的负担。

开发权利购买（Purchase of Development Rights）是相比于上述价值评估法对土地拥有者不动产税的减免。开发权利购买指的是政府使用公共资金将土地拥有者农用土地的地役权（Easement）买入，以维持该土地的农用。现在美国已经有19个州实施了开发权利购买项目。与使用价值评估法不同的是，开发权利购买的保护对象是优质高产的农田（Cropland）而非普通农田（Farmland），这确保了农田的长期农用价值。

三、美国的农业用地非农化的其他影响因素

在美国，对农业用地非农化起决定性作用的主要还是在城镇化过程中土地拥有者影响美国农业用地面积变化的因素：

（1）粮食价格：粮食价格的变化会直接影响到农民的收入。在经济人的假设下，农民必定会根据盈利情况来调整粮食生产计划。当粮食价格升高时，农民便会增加该农作物的种植面积以增加产量；反之亦然。

（2）农业生产要素的价格：农业生产要素价格会直接影响着农作物生产的成本，并间接影响其利润。当农业生产要素的价格上升时，农民便会减少农作物的种植或者将农用土地转换成其他用途。

（3）农业生产技术的进步：农业生产技术进步对于农业生产的最显著影响是提高单位面积内的农作物产量，在农民计划产量固定的前提下，就会发生农业用地减少的情况。

（4）农业鼓励政策的实施：美国的农业政策主要通过税收减免，制定保护价格等措施来保证甚至提高农民的收益。鼓励政策的实施在保证农民利益的同时也会鼓励农民增加农作物种植。

（5）美国新能源政策：在可持续发展的大环境下，美国一直致力于新能源的开发与利用。新能源中的生物能源，比如粮食乙醇，就需要大量的粮食作物作为原料，这一定程度上增加了对粮食的需求。比如，在美国2005年颁布的《能源政策法案》(*Energy Policy of* 2005)中，可再生燃料标准（RFS）便规定了在美国市场所出售的交通用燃料中必须包含一定比例的可再生燃料，并且这个比例每年都在增加。这种对生物能源需求的增加也会促进相关粮食的种植面积的扩张。

（6）城市化和工业发展的需要：城市化进程需要增加商业和住宅用地；工业发展需要大量修建厂房来满足生产需要。在土地面积固定的前提下，人们只能将农业用地转换为非农业用地来满足经济增长的需求。城市化和工业发展是农地非农化的主要诱因之一，因为这种经济发展的需求是硬性的。①

（7）美国水土保护储备计划（Conservation Reserve Program）对农业用地的影响：美国的水土保护储备计划主要目的之一是减少土地侵蚀和水土流失。针对这一目的，该计划通过鼓励农民将一些容易或者已经发生土地侵蚀和水

---

① 王彦玲. 工业化国家处理农地非农化问题的启示 [J]. 边疆经济与文化, 2008 (3): 61.

土流失的农作物耕地转变为植被覆盖土地。自1985年以来，CRP计划已经成为美国农业用地非农化的最主要诱因。

第二节 日本：政府导向的"集约型"土地规划

日本为发达国家，同时也是OCED成员。2017年GDP为48721亿美元，较2016年减少1.7%。国土面积37.8万平方公里，人口密度为350人/平方公里。2017年农业占GDP的1.2%，工业占GDP的26.8%，服务业占GDP的72%。日本地貌多为崎岖不平的山地。

日本的土地使用情况和中国相似，也面临着"人多地少"的困境。这一点在农业尤为突出，日本的农田短缺严重。而随着经济的发展，不可避免的城市化进程必然要侵占农业用地，农地面积也在逐年减少。因此，日本的农地管理制度需要围绕如何缓解农地短缺所带来的粮食供给问题，以及城市化与农地之间的矛盾。

如图2-8所示，2015年，日本的农业用地占日本国土面积的12.3%，较美国略低。日本的农田主要用于水稻的种植（Rice Paddies），因此，在日本农业用地分类主要以农地是否有附加堤坝以及供水设施为标准，这与其他国家的农业用地分类差别较大。2015年的数据显示，日本森林面积最大，占到69%，农业用地较耕地面积高出1个百分点（见图2-9）。

一、日本的土地管理制度

日本早在明治时期就废除了土地封建地主所有制，开始了土地的私有制运动。"二战"后日本开始了民主化土地改革，将地主手中的闲置农田收回并租给以农业种植为主要经济来源的农民。该改革在保证农民收入的同时也实现了农田利用效率最大化，因此取得了巨大的成功，使之成为了亚洲众多国家土地改革的样本。随着经济进程的发展，日本的土地管理开始面临着新的挑战——城镇化对土地的需求日益增长。本节就以日本的城市化建设为背景，

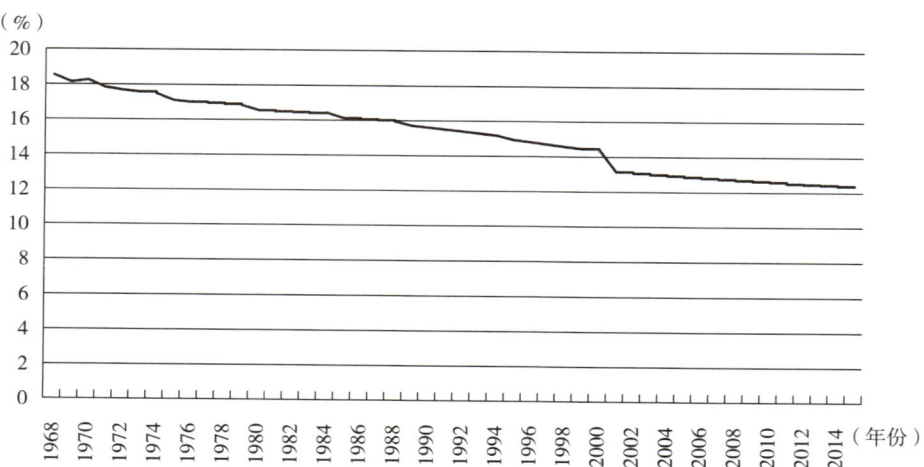

图 2-8 1968~2015 年日本农业用地面积占比

数据来源：世界银行世界发展指标数据库。

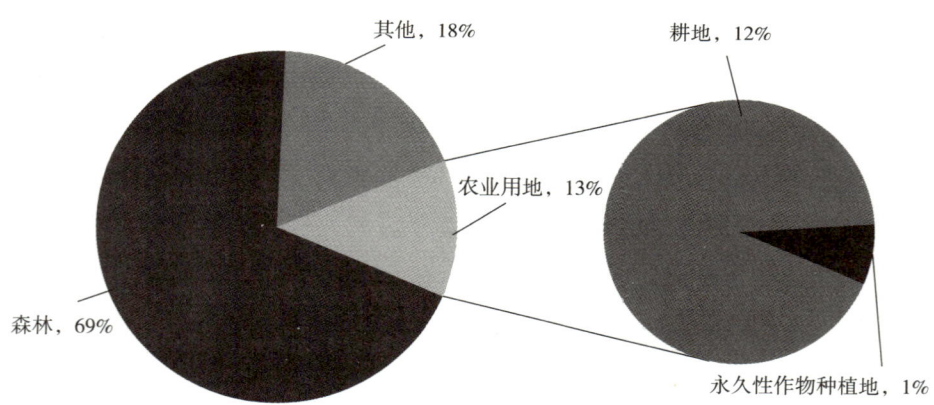

图 2-9 2015 年日本土地使用状况

数据来源：中情局世界各国概况。

研究日本的土地规划以及相关土地管理法律两个方面。

（1）城镇化背景下的土地规划。日本的城镇化最早开始于明治维新时期，

第二章 国外市场经济国家土地市场制度分析

但是其城市化进程在"二战"后才进入高峰期,并且发展迅速。日本在 21 世纪初期其城市化水平已经和欧美发达国家持平。可以说日本只用了 50 年时间就完成了欧美发达国家 100 年的城市化进程。

从 20 世纪 40 年代开始,"二战"后的日本面对着疲软的国内经济,以大力发展工业为主要手段来振兴经济。工业的迅速发展极大地推进了日本的城市化进程。[①] 日本的城市化以当时两大工业中心城市——阪神和京滨为中心开始向其他地区扩散。但是由于战后的工业发展迅速,城市里的污染和人口拥挤问题越来越严重,同时由于国家将经济发展的重心放在工业上,农村地区的经济出现显著下降。为了平衡城市地区和农村的发展水平,并解决工业发展过度所带来的诸多问题,日本政府开始了一系列的城镇化建设计划。大多数国家城镇化进程的发生主要是因为经济发展的自然规律,日本与其他国家不同,它的城市化进程在一定程度上是人为的政府经济规划,而非完全由经济发展规律导致。日本政府在 20 世纪 60 年代分别开展了空间集约发展计划和新空间集约发展计划,开始了工业区域的"集约型"发展以及工业经济带的建设,并提倡将工业发展推广到非工业地区。这种对工业经济的发展战略实际上就是将工业进程向农村地区扩散,实现了工业发展对城市化进程的推进作用。也使得日本的城镇化进程在短时间内取得了显著的效果。进入 20 世纪后与美国等欧美发达国家持平。

同中国相似,日本因为"人多地少"的国情所以对土地规划非常谨慎。在城镇化的背景下,日本需要处理好城市区域的扩张以及农地面积的保护。对此,在土地规划方面,日本特别规划出了需要进行城镇化的区域,称为"城市规划区",这部分区域约占日本总土地面积的 1/4,剩下区域的土地则仍然保持原有使用用途。城市规划区主要目的是建立综合型用途的土地单元,计划容纳日本大约 92% 的人口[②],如图 2-10 所示,基本上包括了日本全部的

[①] 王彦玲. 工业化国家处理农地非农化问题的启示 [J]. 边疆经济与文化, 2008 (3): 61-62.

[②] Takayuki. Goto Summary of Presentation made at the Asian City Development Strategy [C]. Tokyo Conference, 1999 (7).

城市人口。当然,"城市规划区域"并不是全部用来进行城镇化建设,该区域也包括了计划进行城镇化的农村地区。此外,日本政府在城镇化建设中以尽量维持土地的原有用途为原则对土地进行必要的开发。

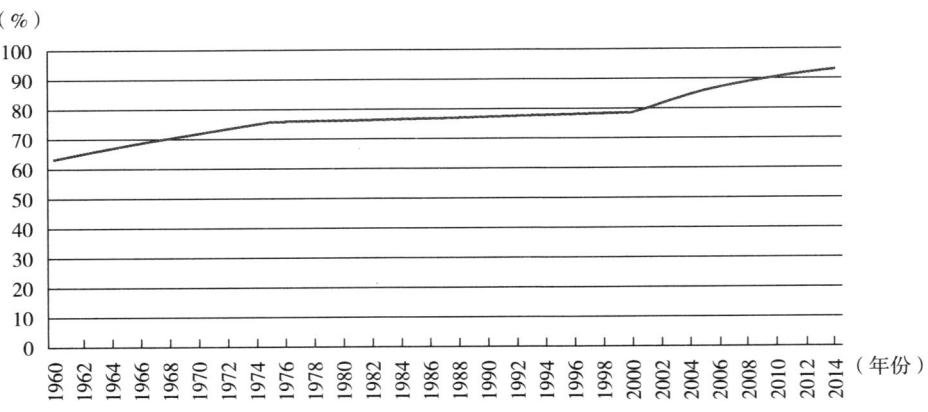

图2-10 1960~2014年日本城市人口比例

数据来源:世界银行世界发展指标数据库。

日本的"城市规划区域"被分为两部分:

一是城镇化区域。包括现有的三大都市圈(东京、大阪和名古屋)以及计划在未来10年内进行城镇化的区域。

二是城镇化限制区域。该区域的城镇化建设是受到限制的。也就是说任何对土地使用的改变,比如,农地非农化都必须得到相关部门的严格的审批才能进行。因此,该区域一般没有城镇化建设项目,少数为政府特批的基础设施建设项目。这一点和美国的《农田保护政策法案》(Farmland Protection Policy Act,FPPA)相似。

(2)相关土地管理法律。在法律层面上,日本有着非常完善的土地管理法律体系,光是土地管理法律就有130部左右[①]。下面分别以土地规划和农业

---

① 贾绍凤,张军岩. 日本城市化中的耕地变动与经验[J]. 中国人口·资源与环境,2003(1):31-34.

土地管理为方向介绍日本的土地管理法律：

土地规划方面。日本前后进行了 5 次全国综合开发计划，日本土地规范立法是围绕着 20 世纪 50 年代开始的开发计划进行的。期间与土地规划有关的法律主要有 1950 年 5 月 26 日出台的《综合国土发展计划法案》和 1974 年 6 月 25 日出台的《国土利用计划法案》。

《综合国土发展计划法案》是日本政府战后国土开发的一部分，也是日本国土开发计划的开始。但是当时正值战争刚结束，日本国内经济发展仍以保障国家粮食供应，以及自然灾害的防治为主，所以全国性的国土开发并未有规模的进行。直到 20 世纪 60 年代规范且完整的国土开发计划才被制定出来。日本的国土开发计划主要以工业为中心，进行工业区域的"集约型"发展以及工业经济带的建设，此后日本开始进入工业的高速增长时期。①

20 世纪 70 年代石油危机的爆发使得日本经济增长进入缓和期，并且之前工业化的高速进程也带来了一系列问题——城市人口的增多、工业污染和自然资源的过度消耗。为了应对上述问题，日本政府制定了《国土利用计划法案》，该法案以农业用地、森林用地、建筑物用地及城市用地为主体，对这些土地的面积和分配比例进行了规定，严格限制土地交易，以在推动上述土地在开发上的平衡。②

农业土地管理方面。日本的土地管理法律主要以《农地改良法》《农地法》《农促法》和《农振法》为基础。《农地改良法》于 1949 年制定，是日本土地改革的重要组成部分，将农业用地的使用转向耕作者而非"二战"前的所有者，并对农地改良进行了规范；《农地法》于 1952 年制定，是日本农业用地管理的核心法律，其目的是为了维持巩固之前土地改革的效果。《农地法》规定了农民拥有土地的最高上限并明确了农民对其土地的终身所有权。该法律保障了农民对耕地的使用和所有权，并严格限制了农业用地的非农化，

---

① 黄大全，郑伟元. 海外城市化与耕地保护对中国的启示 [J]. 中国土地科学，2005（3）：38-43.
② 钟水映. 东亚地区工业化、城镇化与农地非农化的协动性研究 [C] // 中国土地学会. 节约集约用地及城乡统筹发展——2009 年海峡两岸土地学术研讨会论文集. 中国土地学会，2009.

确保优质农田用于农业生产。

日本在20世纪70年进入后工业化时代，此时农业也进入到下一阶段的振兴发展阶段：《农振法》于1968年制定，该法律以市町村为单位基础规定农业振兴区，对振兴区内的农业发展规定了各项政策。《农促法》于1980年制定，最初被称为《增加农用地利用法》。该法律同《农振法》相比，将农业振兴计划扩展到全国范围，并对农用地的产权转移进行了改革。

这四部法律在日本农业用地管理中地位非常高，为以后的农业用地法律奠定了基础。同时这四部法律也都几经修订，来满足时代发展的需要。

二、日本的农业用地非农化

日本的农业用地保护是以上述土地管理法律为基础，并且非常严格。

在农地保护的具体实施方面，日本首先以区域为基础将农地分为市街化调整区域内农地和市街化调整区域外农地；其次同美国相似，日本将农业用地按照产能水平和土地质量进行分类，并对不同种类的农业用地实施不同力度的保护措施（见图2-11）。

由图2-11可以看出，市街化调整区域内和市街化调整区域外的优质农地和Ⅰ类农地是永久性的，不得进行非农化；一般农地和Ⅱ类农地在通过相关部门严格审核后才能进行非农化；政府积极鼓励Ⅲ类的非农化。日本城镇化过程一般将一般农地和Ⅲ类农地进行非农化建设。一方面，日本依法区分优质农田和非优质农田，称为"农业振兴区域"，优质农田不得随意用于非农用途，并对环境进行保护；另一方面，日本的都道府县知事或农林水产大臣对所有以非农为目的的农地交易都具有绝对的管制权①。

---

① 黄大全，郑伟元. 海外城市化与耕地保护对中国的启示［J］. 中国土地科学，2005（3）：38-43.

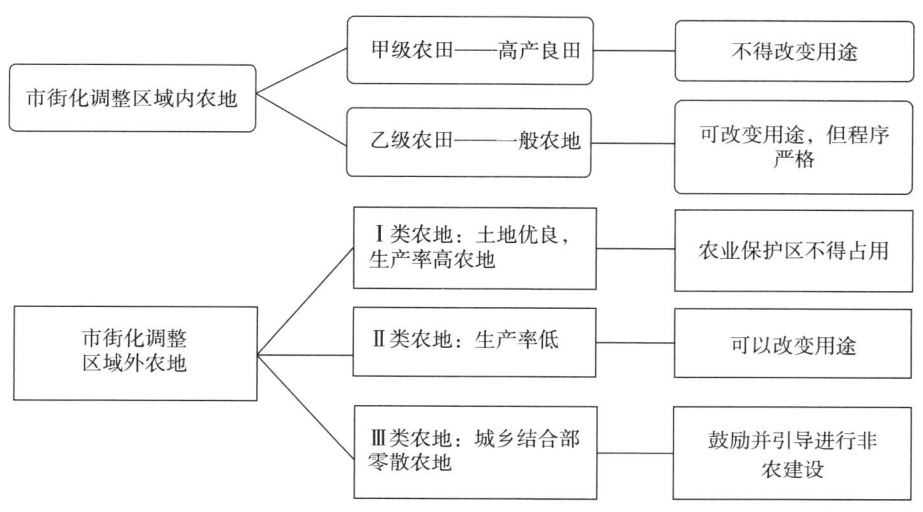

图 2-11　日本农地的用途管制

资料来源：韩冰华. 战后日本农地非农化之启示［J］. 江汉大学学报，2005（3）：37-40.

第三节　韩国：与日本相似的土地管理

韩国为发达国家，与日本同为 OCED 成员。2017 年 GDP 为 15307 亿美元，较 2016 年增加 3.06%。国土面积 10.0 万平方公里，人均密度为 515 人/平方公里，远高于日本。2017 年农业占 GDP 的比重为 2.3%，工业占 GDP 的比重为 38.2%，服务业占 GDP 的比重为 59.4%。韩国山区丘陵地区较多，沿海地区多为平原。

曾饱受战乱侵袭的韩国，经过战后 70 年的发展，成为了当今的重要的经济发达国家，20 世纪 80 年代韩国与中国香港、新加坡以及中国台湾一起被称为"亚洲四小龙"。韩国的城镇化发展从 1990 年开始与美国持平。

韩国同日本相似，属于"人多地少"的经济发达国家，同时韩国属于多山国家，耕地资源尤为宝贵，同样面临着城市化进程对农业用地的消耗问题（见图 2-12）。同时韩国曾经是日本的殖民地，因此韩国的土地管理制度很大程度上来源于日本①。两个国家在"二战"后经历了土地改革,不仅都实施了"耕者所有制",后期进行的国土开发计划、土地管理法律体系等存在很多相似的地方。

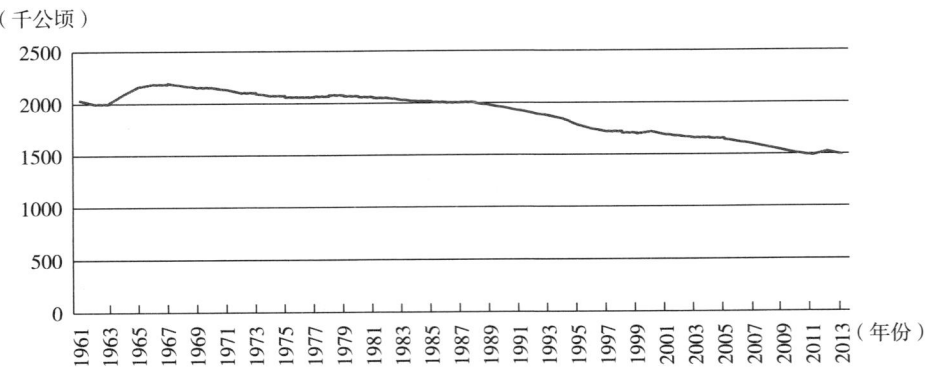

图 2-12　1961~2013 年韩国农业用地面积

数据来源：世界银行世界发展指标数据库。

如图 2-13 所示,2011 年韩国的农业用地占日本国土面积的 21.8%,高于同期日本 8.8 个百分点。由于日、韩两国在饮食习惯的相似,韩国的农田也是主要用于水稻的种植。农田种类有稻田和旱田之分②。

一、韩国的土地管理制度

韩国曾经是日本的殖民地,因此在经济发展模式、经济发展政策和规划等方面同日本相似。比如,韩国也是在"二战"后开始了土地改革,将地主手中的闲置农田收回并租给以农业种植为主要经济来源的农民;在土地管理方面,两国都制定了相应的国土开发和建设计划,并制定相关法案来支持。本节就以韩国的城市化建设为背景,研究韩国的土地规划以及相关土地管理法律两个方面。

---

　　① 钟水映. 东亚地区工业化、城镇化与农地非农化的协动性研究 [C] // 中国土地学会. 节约集约用地及城乡统筹发展——2009 年海峡两岸土地学术研讨会论文集. 中国土地学会,2009：8.
　　② 按照韩国统计局的统计规制,将农田分为两大类：稻田和旱田。

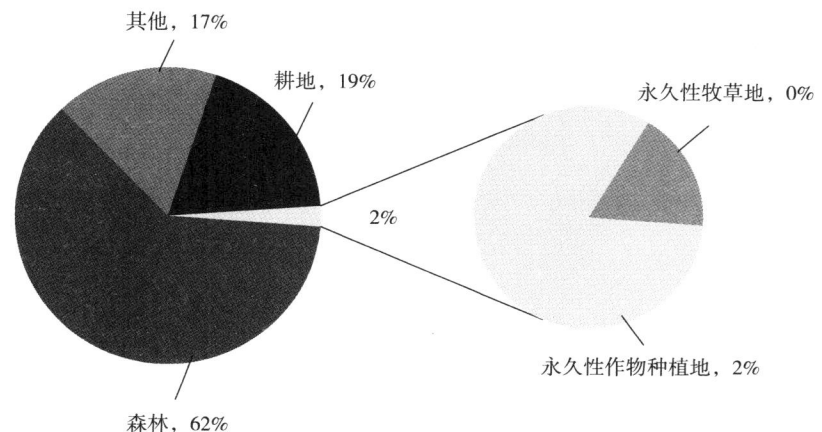

图 2-13 2011 年韩国土地使用状况

数据来源：中情局世界各国概况。

（1）城镇化背景下的土地规划。韩国的城镇化进程从"二战"后开始。战前受日本殖民的影响，韩国的经济发展处于停滞状态。20 世纪 10 年代，韩国城市人口当时只有总人口的 3%，直到 1930 年日本开始在韩国进行工业建设，韩国工业化和城镇化进程开始逐步步入正轨，并在战后进入快速发展阶段（见图 2-14）。

20 世纪 60 年代开始，韩国政府为了规范国内的经济发展，制定了一系列的经济发展政策。而对于土地管理，韩国政府于 1963 年制定了《国土综合建设计划法案》，以促进工业化和城镇化为目标对国土进行区域建设。该计划有三个执行期，跨度 30 年。韩国的区域经济建设取得了巨大的成功，诞生了很多世界级的工业区域以及都市区域，其中首尔都市圈成为世界著名的都市圈。[①]

[①] 任平，吴涛，周介铭. 基于耕地保护价值空间特征的非农化区域补偿方法 [J]. 农业工程学报，2014，30（20）：277.

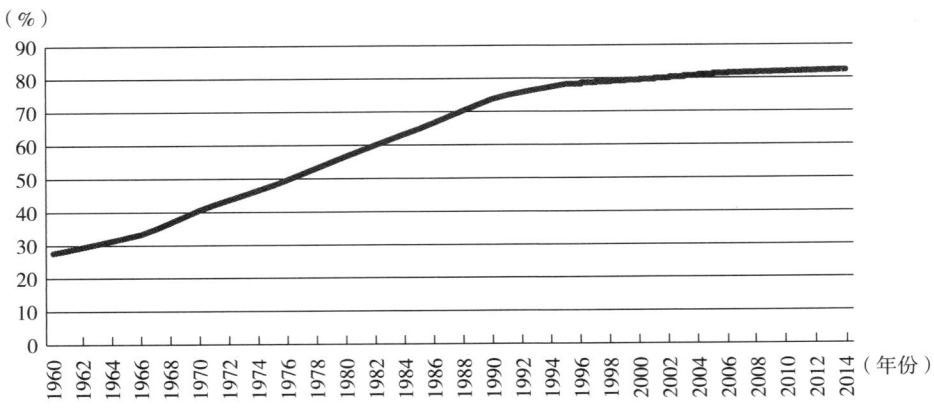

图 2-14　1960~2014 年韩国城市人口比例

数据来源：世界银行世界发展指标数据库。

但是快速的经济增长，特别是快速的城镇化进程也给韩国生态环境带来了负面影响：工业区严重的环境污染，被城市快速扩张而侵蚀的农地和森林等。表 2-3 为 2013~2014 年韩国主要城市农地面积，为了平衡经济增长与环境保护，韩国政府于 1972 年制定了《国土利用管理法》，之后又几经修订。该法案目的是在维持土地原有状态的条件下实现土地的可持续发展。该法案将韩国划分为五个土地用途区域：城市地域、准城市地域、农林地域、准农林地域和自然环境保护地域。在这五个区域的任何活动都不能改变该区域土地的用途。也就是说在城市区域，集中进行城市发展；而在农林地域则是进行农田和森林的开发以及相关种植业，不能在农林地域里进行非农开发。《国土利用管理法》是韩国有关土地管理法律法规的"母法"，其效力超过其他相关法律法规[①]。

---

① 汪秀莲. 韩国土地管理法律制度 [J]. 中国土地科学，2003（6）：57-62.

第二章 国外市场经济国家土地市场制度分析

表 2-3　2013~2014 年韩国主要城市的农地面积　　单位：公顷，%

地区	2013 年	2014 年	同比变化
全国	1711436	1691113	-1.2
首尔	629	480	-23.7
世宗	10316	8444	-18.1
釜山	6415	6351	-1.0
大邱	8825	8660	-1.9
仁川	20042	20098	0.3
光州	10628	10370	-2.4
大田	4616	4385	-5.0
蔚山	11441	11369	-0.6
京畿道	176857	176028	-0.5
江原	110378	108727	-1.5
忠北	114530	112097	-2.1
忠南	224629	219215	-2.4
全北	204592	204612	0.0
全罗南道	308220	305889	-0.8
庆尚北道	279484	277650	-0.7
庆尚南道	156978	154050	-1.9
济州岛	62856	62686	-0.3

数据来源：韩国统计局。

（2）相关土地管理法律。土地规划方面。韩国关于土地规划的法律除了上述的《国土综合建设计划法案》和《国土利用管理法》，还包括《城市计划法》《土地区划整理法》等一系列法律法规。这些法律法规的主要目的都是合理规范土地的使用范围和区域，减少经济建设对农业用地的侵占。

农业土地管理方面。下面介绍有关农业土地管理的主要法律：

图 2-15 厘清了韩国农业用地有关法律的体系，其中于 1949 年颁布的

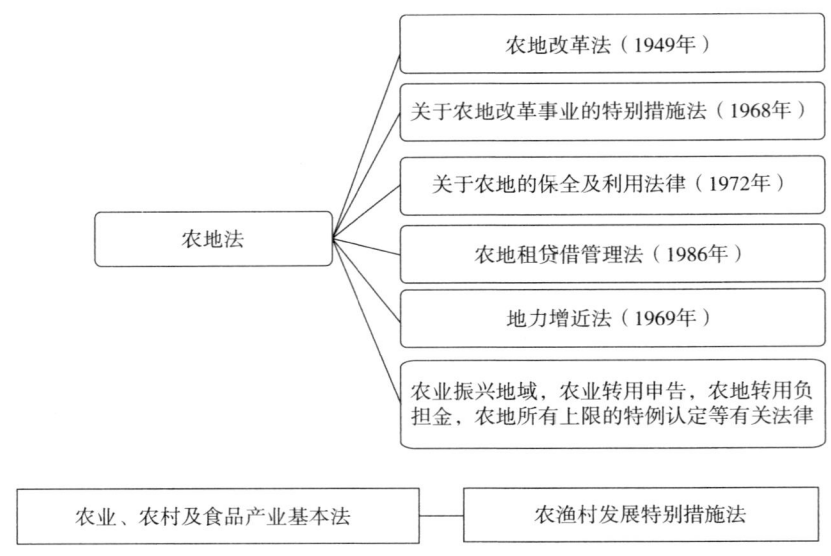

图 2-15 韩国农地法体系

资料来源：朴钟相. 中韩耕地利用法律制度比较研究 [D]. 辽宁大学博士学位论文，2014.

《土地改革法》是韩国土地改革的开始。《土地改革法》对农地的所有制、分配、流转等进行了规定，完成了农地"均田制"的目标，剩下的法律法规主要是为了平衡经济发展与农业用地保护之间的关系。

此外，《农田法》主要规定了农户拥有农田的最高上限，由此开始了在韩国实行 52 年之久的"农田与拥有上限制度"[①]。这种上限制度极大地抑制了韩国农业的发展，最后在几经修订的《农田法》中被废除。

二、韩国的农业用地非农化

在《国土利用管理法》的框架下，韩国对农业用地的管理主要体现在对农业用地的保护上。

---

① 姜伟丽. 中日韩三国农地政策与法律生成比较研究 [D]. 青岛大学硕士学位论文，2006.

在农业用地的保护和开发方面,韩国在《国土利用管理法》划分出的农林地域和准农林地域的基础上,又根据《农渔村发展特别措施法》将上述农业地区划分为农业振兴区域和农业保护区域。农业振兴区域指的是正在或计划进行农地开发的区域;农业保护区域指的是正在利用或计划要利用于农业的区域。农业保护区域占韩国农地总面积的55%①,这种对农林区域进行的分类管理是韩国农业振兴制度的开始。

同时这两个区域的非农化行为是受到严格限制的。农业保护区域内的农业用地不能进行非农化,而农业振兴区域内的农业用地原则上也是不能进行非农建设,如果确实需要对农地进行非农化,并且非农化的活动在规定的范围内,土地开发者则需要经过严格的审核,并缴纳相应的税费。这些税费的主要目的是弥补农地非农化后对新农地的开垦成本。

此外,韩国在20世纪七八十年代经历的农业危机也是让韩国政府对农业非常重视。之后的"新农村运动"也是鼓励农民积极投身于农作物种植,并建设及改善了农田的基础设施。因此韩国的农地保护和管理在整体上比日本更加严格。

第四节 结论和启示

本章从农地征收机制、农地补偿机制和监管机制等方面对美国、日本和韩国等发达国家城镇化过程中处理农地非农化的制度进行了分析。结果显示,工业化和城镇化的过程势必会对农地数量和自然环境造成冲击,实现经济效益的同时,会产生无形的社会和环境成本,然而通过农地非农化的合理制度安排和制度创新,可以实现城镇化与农地非农化之间的一个合理平衡,负面冲击是可控的。

根据以上分析我们发现美国、日本和韩国处理城镇化过程中农地非农化问题的做法主要有以下方面:集约化地利用有限的土地资源,这方面表现比

---

① 殷园. 浅议韩国耕地保护及利用 [J]. 辽宁经济管理干部学院学报,2008(2):62-63.

较典型的是日本的"圈层模式";借助于数学模型评估土地转型后的得失,如美国的价值评估方法(UVA)和优惠不动产税评估法(PA);将农地分区或者分类并制定不同的制度进行区别管理,如韩国将土地分为农业振兴区域和农业保护区域;建立完备的、能够动态更新的土地法律保护体系等。

第三章　我国农地非农化制度变迁分析

第一节　我国农地非农化制度变迁历程

我国的农地转化由新中国成立之初的计划管理制度，历经改革开放后制定农地征用补偿条例和法律，20世纪90年代明确土地的集体所有权，再到21世纪严格建设用地审批，并针对农地非农化增长速度过快的趋势，多次停止审批农地转非农用地。可以说，从中央到地方我国的农地非农化制度经历了漫长的演化和变迁（见表3-1）。①

表3-1　1978年以来关于农地非农化的重要法律与政策

年份	政策和法规	相关内容
1982	《中华人民共和国宪法》	国家为公共利益，可以依法对土地实行征用
1986	《中华人民共和国土地管理法》	实行土地用途管制制度，严格限制农用地转为建设用地；对城乡土地集中统一管理
1987	《中华人民共和国耕地占用税暂行条例》	占用耕地建房或者从事非农业建设的单位或者个人，应当缴纳耕地占用税
1992	《国务院关于发展房地产业若干问题的通知》	集体所有土地，必须先行征用转为国有土地后才能出让，集体土地股份不得转让

---

① 夏炎. 农地非农化过程中的地方政府行为研究［D］. 南京农业大学硕士学位论文，2008.

续表

年份	政策和法规	相关内容
1995	《确定土地所有权和使用权的若干规定》	农民集体依法批准以土地使用权作为联营条件与其他单位或个人举办联营企业的,集体土地所有权不变
1997	《关于进一步加强土地管理切实保护耕地的通知》	冻结非农业建设项目占用耕地一年,确实需要占用耕地的,报国务院审批
1998	《中华人民共和国土地管理法》(修订)	农民集体所有的土地使用权不得出让、转让或出租用于非农业建设;政府在征地后应支付土地补偿费、安置补助费以及地上附着物和青苗的补偿费
2004	《中华人民共和国宪法修正案》	国家为了公共利益的需要,可以依照法律规定对土地实行征收或者征用并给予补偿
2006	《招标拍卖挂牌出让国有土地使用权规范》(试行)和《协议出让国有土地使用权规范》(试行)	规范国有土地使用权招标拍卖挂牌出让行为,统一程序和标准
2007	《中华人民共和国物权法》	集体所有的土地作为建设用地的,应当依法办理,宅基地使用权的取得、行使和转让,适用土地管理法等法律和国家有关规定
2008	《中共中央关于推进农村改革发展若干重大问题的决定》	在符合规划和用途管制前提下,允许农村集体经营性建设用地出让、租赁、入股,实行与国有土地同等入市、同权同价
2009	《关于严格建设用地管理促进批而未用土地利用的通知》	地方政府要加强建设用地批后监管,切实预防和防止未批即用、批而未征、征而未供、供而未用等现象发生,严厉打击圈地行为
2013	《中共中央关于全面深化改革若干重大问题的决定》	缩小征地范围,规范征地程序,完善对被征地农民合理、规范、多元保障机制

续表

年份	政策和法规	相关内容
2015	《关于农村土地征收、集体经营性建设用地入市、宅基地制度改革试点工作的意见》	在符合规划和用途管制前提下，允许农村集体经营性建设用地出让、租赁、入股，实行与国有土地同等入市、同权同价
2015	《国务院关于开展农村承包土地的经营权和农民住房财产权抵押贷款试点的指导意见》	进一步深化农村金融改革创新，引导农村土地经营权有序流转，慎重稳妥推进农民住房财产权抵押、担保、转让试点，做好农村承包土地（指耕地）的经营权和农民住房财产权抵押贷款试点工作
2016	《关于落实发展新理念加快农业现代化实现全面小康目标的若干意见》	推进农村土地征收、集体经营性建设用地入市、宅基地制度改革试点
2017	《关于深入推进农业供给侧结构性改革加快培育农业农村发展新动能的若干意见》	深化农村集体产权制度改革，探索建立农业农村发展用地保障机制
2018	《中共中央　国务院关于实施乡村振兴战略的意见》	经营性建设用地入市、宅基地制度改革试点经验，逐步扩大试点，加快土地管理法修改，完善农村土地利用管理政策体系

资料来源：笔者根据相关资料整理。

一、新中国成立后到改革开放前

新中国成立后，各项生产逐渐恢复，尤其在 1953 年实行第一个五年计划以后，各项建设的广泛开展加速了建设用地的需求，农地非农化的进程显得十分迫切。为规范土地征用，我国于 1953 年底出台了《政务院关于国家建设征用土地办法》，适用于所有国防工程、厂矿、铁路、交通、水利工程和市政建设以及其他经济、文化建设所需征用的土地。该法规对国家建设需征用土地的基本原则、用地单位申请和执行征地的程序、不同类型的被征用土地如何加以补偿以及农民如何安置的问题予以了规范，并在 1954 年被《宪法》在国家根本法的层面上予以肯定。这一时期的农地非农化制度政策着重强调了在为国家利益征地的同时务必保证最大程度减少和补偿对人民利益的损害，尽量保护农地和农林作物，充分尊重人民群众的知情权和财产权。① 此外，所有被征土地的产权属于国家，用地单位在用地前后均不得私自转让，这些规定在当时有效地推动了农地非农化的经济利益的开发。

在这一时期，百废待兴的新中国正在全力进行经济建设和基础建设，农地非农化的制度和行政工作也属于探索起步阶段，因而对农地非农化的征地审批较为宽松，法规约束也不严不细，更缺乏明确有效的监督检查机制，导致许多征地不严的现象出现，多征少用、早征迟用甚至征而不用的情况屡有发生。例如，在1956年的检查中发现，河北、武汉、北京、成都、长沙、杭州等省市几年来所征土地中被浪费的高达40%，太原市的22个建设单位共征地一万多亩，有一半荒芜浪费。同时，审批的不严格也容易导致官员寻租行为以及补偿费用分配不合理、不公正、不及时等情况的发生。②

1958年，随着第一个五年计划的完成，土地国情和发展计划有所改变，结合在实际中发现的原有法规的弊病和不足，国务院对原先的法规进行了修订和调整。首先重申了节约用地的基本原则，有效处理或交回多征、早征的土地，严格控制今后的征地频率和建设密度，不应该举办的工程则不举办。此外，修正后的法规强调了在审批环节进行新的分配和责任细化，上收、下放皆有之，在源头上控制用地。③ 同时明确规定了有关单位和上级组织务必对土地征用和使用的情况进行监督检查，将多征、早征的土地交回当地的农业生产合作社进行复耕。修正法规也解决了征用土地的补偿问题，本着节省国家开支和照顾群众利益的原则，加之农业生产合作社的开展，调整了过高的补偿标准，将原规定的补偿三年至五年的产量总值改为二年至四年的产量总值，经当事各方同意的适宜情况也可以不予补偿。

---

① 吴晓忠，倪志良. 经济增长、农地资源保护与农地非农化最优规模[J]. 上海财经大学学报，2015，17（1）：52.
② 许恒周. 市场失灵与农地非农化过度性损失研究[D]. 南京农业大学博士学位论文，2008.
③ 张飞. 中国农地非农化中政府行为研究[D]. 南京农业大学博士学位论文，2006.

二、改革开放后到 20 世纪末

在经过十年"文革"的停滞发展后,1978 年党的十一届三中全会将我国的经济建设拉回正轨,市场经济逐步代替了计划经济,农地非农化的需求也重新复苏。国务院在 1982 年颁布了《国家建设征用土地条例》(以下简称《条例》),自此农地非农化的制度得到了深入的发展。首先,表现为第一次在法律层面上明确了征用土地的强制性,明确了被征用土地的产权归属,使用权属于用地单位,国家享有所有权。其次,提出对被征土地的农民予以安置费,并确立了安置内容和补偿标准,将之细化为土地补偿费、青苗补偿费、被征土地上附着物的补偿、农业人口的安置补助费等,安置补助费的标准和途径也有较为详细的说明。《条例》对于征地的审批权限和程序进行了更为严格仔细的规定,权力约束和监督管理更加有效,征地不当的法律约束也得到加强。这一阶段,以计划为主的农地非农化制度基本成型。

随着改革开放和经济建设的推进,土地开发和建设工作稳步发展,农地非农化制度得到了初步的完善,土地供应由政府划拨为主向有偿出让为主转变。① 1986 年颁布了《加强土地管理,制止乱占耕地的通知》(以下简称《通知》),对土地管理工作进行了严格管理,要求各级政府严格履行法律规定的申请、审批手续,有效遏制了土地乱批、滥用的问题。《通知》规定要成立国家土地管理局来加强土地工作的管理,县级以上的人民政府均需要设立专门的土地管理机构,并且明确了征地过程具体职责的归属。此外还指出可以通过征收土地税和土地使用费来对非农用地的数量加以调控,有效控制农地非农化的速度,加强了土地的节约使用和严格管理。② 1990 年,国务院发布了《城镇国有土地使用权出让和转让暂行条例》,这一条例较为全面地规范了土地使用权的交易制度,为建立土地一级市场和二级市场奠定了基础。

而后由国土资源部在全国范围内主导开展征地制度的改革和探索,农地

---

① 张宏斌,贾生华. 土地非农化调控机制分析 [J]. 经济研究,2001 (12):50.
② 周立群,张红星. 农地适度非农化:寻求合理的实现机制 [J]. 学术月刊,2011,43 (2):78.

非农化制度由完全的计划体制逐步向着不完全市场化与计划体制双轨并存的模式发展。进一步完善了土地的补偿制度，提高了补偿标准，针对具体的征地补偿安置，不仅考虑到为维持农民的生活水平做相应补偿，而且涉及保障其长远的生计。对于具体的安置途径也在政策上做出了较为明确的区分和规定，对于城市范围的征地，规定要将被征地后失地的农民纳入城镇就业体系，为其提供社会保障；对于非城市范围的征地，不仅要给农民保留相应面积的耕地，而且要为其做移民安置或是提供合适的就业机会。此外，仍旧加强了征地程序的规范，增加了告知、调查、确认、听证等报批前的程序，强调了需要加强被征地农民的参与权和知情权。我国的经济建设朝着城市化、工业化不断前进，但与发达国家不同，我国的农地非农化处于不完全市场化的经济体制和土地二元所有制的双重制度约束下，人地矛盾逐渐突出并加剧。①

据统计，1987～2000年，我国农地非农化的建设用地共占用耕地226.44万公顷，耕地年平均减少17.4万公顷，其中1997～2000年，耕地面积更是以每年净45万公顷的速度在减少，其中1998年减少了26万公顷，2000年减少了100万公顷，2002年的耕地减少量已达到169万公顷。耕地面积的下降速度之快已然不是正常态势，如果不加以调控和管理，将会不同程度地影响我国各地区的粮食安全以及社会稳定。② 土地红利大量释放，成为推动我国经济快速增长的引擎。改革开放以来，有人曾计算过我国政府通过"土地价格剪刀差"共"夺去"了5万亿元用于非农用地建设，有力地促进了城市和工业化的进步。

在这一时期，国家相继出台了一系列的法律法规，来约束农地非农化过程中的诸多问题，逐步推动建立更完善的土地产权制度以及土地市场管理体制。1993年出台的《土地增值税暂行条例》在遏制土地的违法占用现象上起到了一定的作用。1994年出台的《城市房地产管理法》在法律层面确立了土

---

① 臧俊梅，王万茂，陈茵茵. 农地非农化中土地增值分配与失地农民权益保障研究——基于农地发展权视角的分析 [J]. 农业经济问题，2008（2）：80.
② 诸培新. 农地非农化配置：公平、效率与公共福利 [D]. 南京农业大学博士学位论文，2005.

地市场运行的基本原则;同时由于《土地管理法》的修改出台和《划拨用地目录》的颁布,土地供应的范围以及方式得到了更为明确的细化,土地资源的市场配置比例上升。1995年出台的《担保法》有效推动了土地金融市场的建立,其核心是土地使用权的抵押。1997年,国家发布《关于进一步加强土地管理切实保护耕地的通知》,将耕地保护通过法规形式进一步强调。1998年,《土地管理法》进一步调整,明确了政府对土地市场的管理地位,提出要通过用途管制试图来调控非农建设用地的总量等。通过20世纪90年代末一系列法律法规的出台和修订,国家调控的土地市场日渐成熟。

三、21世纪以来

据不完全统计,我国1992年土地市场化程度仅为30.23%,这一数据逐年递增,截至2005年达到94.01%,其中1998~2000年这跨世纪的三年出现了快速增长,此后增长趋势平稳(见图3-1)。但我们必须承认,即使我国土地市场化程度的数值已经很高,但由于过程中政府的行为,农地非农化的运行机制必然偏离完全的市场机制。

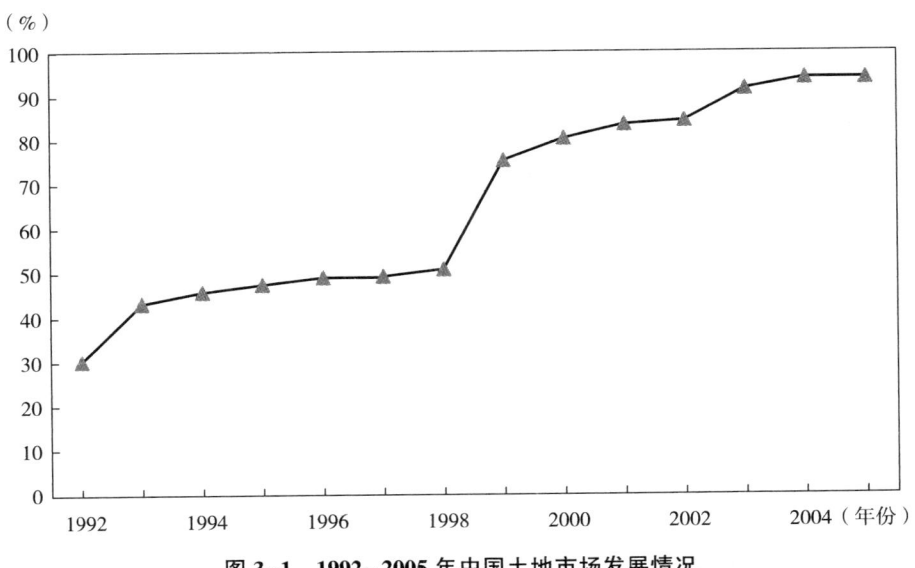

图3-1 1992~2005年中国土地市场发展情况

中国农地非农化的制度变迁和创新

党的十七届三中全会通过的《中共中央关于推进农村改革发展若干重大问题的决定》指出:"改革征地制度,严格界定公益性和经营性建设用地,逐步缩小征地范围,完善征地补偿机制。""允许农民依法通过多种方式参与农村集体土地建设非公益性项目的开发经营。逐步建立城乡统一的建设用地市场,抓紧完善相关法律法规和配套政策,规范推进农村土地管理制度改革。"这是在总结我国30年来经济体制改革的实践,从完善我国社会主义市场经济体制特别是现代土地市场体系出发,对更好发挥市场配置土地资源的基础性作用和实现农民的土地财产权益提出的新要求。

2015~2016年连续两年的中央一号文件把农地制度改革提到重要的位置:"推进农村土地征收、集体经营性建设用地入市、宅基地制度改革试点"。2017年中央一号文件要求深化农村集体产权制度改革,探索建立农业农村发展用地保障机制。2018年中央一号文件又提到"深化农村土地制度改革",明确指出:"系统总结农村土地征收、集体经营性建设用地入市、宅基地制度改革试点经验,逐步扩大试点,加快土地管理法修改,完善农村土地利用管理政策体系。"

第二节 我国农地非农化制度创新实践

随着我国经济的加速发展,城市化水平不断提升,原本已十分紧张的"人地关系"矛盾愈演愈烈,农地非农化对于支撑经济增长和实现资本原始积累的突出优势也被不断挖掘。1995~2005年,我国农地非农化趋势(建设用地占耕地的比例)平均值为0.28%,在随后的2006~2010年升至0.31%。但在高增长率的背后,农地非农化过度、区域差异巨大等问题凸显。

比较典型的是,国家发展和改革委员会联合国土资源部先后于2008年和2011年在浙江嘉兴和中原经济区施行创新制度试点,在曲折探索中获得了许多宝贵的经验。① 本章将首先对这两处试验点的政策细节进行比较研究，不仅可以作为后文我国农地非农化运行机制的实证分析的基础，也可以为后续提出改革的措施与政策建议。

一、浙江嘉兴"两分两换"模式

2008年4月，浙江省嘉兴市成为全省统筹城乡综合配套改革的试点城市，并在13个试点乡镇率先展开土地资源整合实践，同时加快农民社会保障权益实现，其新式农村土地征用改革路径可精简概括为"两分两换"模式。② 根据莫晓辉（2008）的解释，"两分"就是将宅基地与承包地分开，征地和拆迁分开；所谓"两换"是指以"土地承包经营权"置换"社会保障"。此外，宅基地和城镇住房的置换均需建立在依法、自愿、有偿的基础上，置换后的土地不改变其土地用途和所有权性质。对于土地流转后的非农就业农民，3年内完成养老保险的全面覆盖，并逐步提高对老龄阶段的农民的养老保险待遇。

"两分两换"模式的核心是宅基地的置换，通过制定整体性的城镇和村庄发展规划，引导农民在不同形式的拆迁搬迁下，实现向城市和新式市镇的逐步转变。各个试点的乡镇可根据其实际情况选择不同的方式，具体做法包括：一是农户按照政府标准把原有的宅基地一次性作价，以货币安置的方式换取补贴后到城镇购买商品房产；二是对于不愿意换取货币补贴的农户，可选择用宅基地置换搬迁安置（公寓）房，公寓房由乡镇统一规划建设并出售给农户；三是农户若自愿退出宅基地的，可按政策认定人口及各项置换标准在村镇内或跨村镇置换。各类置换细节和各项补贴会根据不同的置换方式和实际情况有所不同，在此不做赘述。至于农户的承包地，可以由农户继续耕种，也可转租给村、镇等集体经济组织耕种，获得一定的租金补贴，也可以换取养老金、租金和股金这"三金"。

---

① 李伶俐，王定祥. 论农地适度非农化机制与制度创新——基于中国城镇化中农地过度非农化的现实背景 [J]. 中国农村观察，2009（5）：11.
② 嘉兴市人民政府. 试行"两分两换"——嘉兴市农村土地使用制度改革情况汇报 [J]. 嘉兴土地，2009（4）.

中国农地非农化的制度变迁和创新

据不完全统计,嘉兴市在实施"两分两换"的一年内,共签约农户10854户,在建、已建安置房共计12816套,完成入住4321户,完成农房搬迁7142户,流转土地承包经营权3200余公顷。众多的农民在"两分两换"政策下从破旧的老宅搬进了崭新的楼房,在农地非农化的过程中实现了人的"城镇化"。

在土地资源方面,由于农村土地实行集体所有制,土地不能在农民手中直接进入一级市场,即农民不能直接处分手中的土地产权,土地必须在经国有化之后才能入市交易,村集体在处分土地产权时也必须按照程序经政府土地管理部门逐级审批。但在"两分两换"模式下,新房建造、商品房买卖等各个环节都融入了市场元素,在配套设施的完善中充分发挥了市场机制,逐步盘活了农村土地资源,吸引了社会资本的投入。① 在嘉兴市的农地非农化过程中,土地资源的集约利用效率提高非常明显。嘉兴市是浙江省少有的平原地区,农民居住地广且分散,户均宅基地在1亩以上,土地荒废现象十分严重。在"两分两换"置换后,安置户的公寓房或城镇住房的平均占地面积是0.3~0.5亩,极大地节约了住房用地。通过推进土地的集约化利用,不仅有助于保护耕地,促进农业规模化发展和集约化经营,使得专门从事农业种植、有较强资金实力的大农户获得足够的土地,发展粮食、蔬菜、瓜果和苗木的集中耕种,发展大型高效农业,加快农业现代化步伐,在节约农业劳动力的基础上提高农业量产。节约下的土地可用于增加非农用地的规模,通过土地的规整再配置,有效释放出"土地红利"。

"两分两换"带来的集中居住,在一定程度上是推进城镇化的重要部分,有助于政府配置基础设施建设,公共设施的投资利用率得到极大提高,资源的经济和社会效益发挥空间更大,生产和居住布局得以优化,能进一步带来人均GDP增长效益的提高。同时,在"两分两换"政策下,农民手中原先不可交易的生产要素经由市场流动实现了现实的增值,并且还获得了政府额外

---

① 李隆伟,郭沛. 中国土地市场化水平及其影响因素研究——基于2006~2011年全国31个省(市)面板数据的证据 [J]. 北京理工大学学报(社会科学版),2015,17(4):73.

的补贴,可以说在居住环境和生活质量改善的同时享受到了土地流转带来的收益。农村劳动力也得以从土地中解放,实现转移再就业,提高农民人均收入。用土地承包经营权全部置换了社会保障的农民还可以获得养老保险金,享受与城镇居民一样的缴费标准和参保待遇,在养老方面获得更多更实在的收益。

但是在"两分两换"制度的实施过程中,仍有几个突出问题亟待解决。首先表现为农民的后续增收十分困难,尤其是原先就处于低收入水平的小农户和有劳动困难的家庭。农村劳动力受农业整体低效益的影响,无法通过农产品提升其自身的劳动力价值。[①] 进城务工的中青年农民更是存在比在农村更严峻的生存压力,他们在城市不具备就业竞争力,失业、医疗、保险、子女教育等几项压力尤为突出,无法通过政府短期的补贴和养老保险解决其现阶段面临的困境。但是相对的,政府也面临巨大的财政压力,前期的拆迁补偿和安置房建设就需要大量资金投入,后续需要支出的各项补贴和未来的养老保险也仍需要巨额的财力支撑,并且由于养老保险的缴费和给付需要通过复杂精确的模型计算,导致政府也无法准确预测其未来需要的该项支出数额。此外,因为"两分两换"政策引起的大规模农业用地置换为商业和城市建设用地,买房需求也随之扩大,地区的房地产业在短期内得到超出市场正常运转的发展,必然引起农村和城镇的房价不同程度的上涨,农民又会面对新一轮的买房压力,加之要让其放弃其生活了大半辈子的老宅,在现实和心理层面均面临一定的接受难度。

二、中原经济区"人地挂钩"模式

2011年9月28日,《国务院关于支持河南省加快建设中原经济区的指导意见》下发,文件提出,"在严格执行土地利用总体规划和土地整治规划的基础上,探索开展城乡之间、地区之间人地挂钩政策试点,实行城镇建设用地

[①] 林卿. 我国农地制度演变与农民土地权益 [J]. 福建农林大学学报(哲学社会科学版), 2016, 19 (5): 1.

增加规模与吸纳农村人口进入城市定居规模挂钩、城市化地区建设用地增加规模与吸纳外来人口进入城市定居规模挂钩，有效破解'三化'协调科学发展用地矛盾"。①

"人地挂钩"采取的第一种操作模式被学者们概括为"地随人走"，随着人口的迁移，主要是指农村人口向城镇的迁移，人口所占用的建设用地面积也相应地迁转。该制度是基于城乡建设用地"增减挂钩"制度的延伸，其政策理念是在确保耕地面积总量和粮食安全的前提下，通过土地所在位置的置换，将建设用地挪到城镇周边，以期优化配置城乡之间、区域之间人口和土地等要素。"地随人走"的通俗理解就是，人口从何地迁出，则该地相应减少他们所占有的建设用地面积，何地有人口迁入，则相应增加他们的建设用地指标。

"地随人走"模式的特点要求我们必须建有一个现代化的信息管理平台，能够完备统计各区域的人口流动和土地的数量、功能、指标等变化情况，进行指标交易和奖补发放等，实现高效的资源流动和透明的信息管理。"地随人走"模式能够较为精确地反映出即时的人口流动情况，包括数量，来源地等，从而能够迅速计算出在相应城镇需要增加多少建设用地指标，以及在相应的迁出农村进行拆迁复垦。但这一优点也有局限，即人和地流转的速度有着不可协调的差异，较少量的人口迁转在实际操作中不能迅速反映在土地的改变上。②

"人地挂钩"的第二种操作模式称为"城镇化率增长指标"。其含义为：通过总体规划中对未来一定时期内城镇化率增长指标的预测，来测算每个地市城镇人口的增加数量，即由"人地挂钩"指标的异地流转来解决两者增减规模的相差部分。省国土厅则根据各地"人地挂钩"的规模来下达相应的年度挂钩周转指标。

---

① 王莉丽. 河南省农地非农化过程中的农民利益保护 [J]. 绿色科技，2011 (7)：204.
② 谭荣，曲福田. 农地非农化代际配置与农地资源损失 [J]. 中国人口·资源与环境，2007 (3)：28.

"城镇化率增长指标"模式相比较"地随人走"模式而言,其特点在于政府可以根据规划中对各地城镇化率增长指标的预测,并结合人均用地规模来评估出各地城镇建设需要增加的用地规模,计算和操作起来更为简便快捷。它类似于增减挂钩模式中的"先建后拆",在"先建"后的规定期限内,补出质量达标、相应数量的耕地即可。① 这种模式不仅能够获得一个"增"与"减"的时间差,而且能够突破国家对年度计划和周转指标的限制,从而进一步满足当前中原地区建设用地迫切的增长需求。此外,各级市县可以根据当地城镇化率增长指标的预测,根据其多少,实现"挂钩指标"的跨区域交易,从而盘活农村的土地资产,使得指标能够有效地向大城市和中心城市倾斜。

"人地挂钩"政策需要结合宏观和微观两种含义理解,在微观上,"人"是指单个人或一些人;在宏观上,"人"是指群体人或"人口"。因为在实际操作中,单个的人和户的迁转无法体现在建设用地指标的转移上,只有通过统筹规划,有效地衔接城市、区域的发展规划与国土和中原经济区规划,在把控总体的基础上,明确人口迁移的数量、方向,统一人均用地标准和规模,才能有效实现"人地挂钩"的政策目标。当然,"人地挂钩"政策针对的仍然是城镇化问题,其重点在于如何实现"人的城镇化",背后体现的困难包括城镇化过程中伴随着人口迁转带来的住房、就业、子女教育、社会保障等一系列问题。政府需要面对并且采取有效的安置和保护措施,切实保护农民的利益。②

针对河南省探索开展城乡和地区之间的"人地挂钩"政策,相关学者提出了"三个突破"和"一个机制"的建议。第一个突破是指要突破土地利用总体规划建设用地规模的限制;第二个突破是指要突破年度计划指标的限制和周准指标的限制;第三个突破是指要突破挂钩指标只能在县域内使用的限制。这"三个突破"的具体内容在前文已有所涉及,在此不再赘述。"一个机制"则是指要建立农村宅基地退出机制。"人地挂钩"政策的实施过程中,必

---

① 王永苏. 推进河南农业规模化经营的思考 [J]. 中国国情国力,2015 (6):39.
② 丁同民. 河南农地非农化过程中和谐土地利益机制构建研究 [J]. 企业活力,2010 (10):62.

然会牵扯到各类情况的农村宅基地退出,其中关联到农民的切身利益,政府必须建立公平公开的农宅权属确定标准以及退出奖补资金标准,形成科学合理的退出机制。

第三节 我国农地非农化运行机制分析

一、土地资源非农化配置方式呈动态变化

我国土地资源非农化配置方式随着我国不同的社会经济发展阶段而发生着变化,从新中国成立初期的计划经济到党的十四届三中全会落幕后社会主义市场经济改革的正式启动,我国土地问题的解决方案出现了质的突破。在计划经济体制时期,土地资源配置以及经济体制运行受到政府的绝对控制;在完成向市场经济体制的过渡之后,土地资源配置及其经济运行是以市场本身调节作用为主导,政府调控作用为辅助,两者相互协调下完成的。由于受到计划经济体制的滞后效应影响,我国土地资源配置仍然存在政府干预过多的问题,从而使这只"看不见的手"——市场自发的调节资源配置作用不能得到充分的发挥。

随着我国经济的迅猛发展,工业化以及城镇化速度加快,农地非农化程度加剧,在农业部门和非农业部门之间土地资源配置问题矛盾日益突出,在衡量两部门边际收益是否平衡的同时,需要综合考虑我国农地非农化的各种制度影响。《中华人民共和国宪法》第十条明文规定:城市土地归国家所有,农村和城郊土地,除由法律规定归国家所有以外,归集体所有;宅基地、自留地及自留山,也归集体所有。因此不管是城市土地还是农村土地,都不能为个人所有,于是政府、开发商以及集体土地使用者成为我国土地一级市场权利关系中的三方重要角色,在三者之间完成土地使用权的转换之后,进而完成农地非农化的全部流程。首先由政府出面征收农村集体土地,将其转为国有土地,而后放置于土地一级市场以招拍挂等方式进行国有土地使用权出

第三章 我国农地非农化制度变迁分析

让,其次在开发商获得土地使用权之后进一步转变土地用途,继而将最终使用权面向全体人民,于是农地非农化过程得以实现。

对于当前我国农地非农化中的土地用途转换环节,农业用地转换为建设用地的过程中,在土地分配机制不合理、传统农业耕地技术落后以及固定资产投资比例不当等一系列因素的综合作用下,土地资源配置的利用效率在不同方面存在不同程度的损失,主要出现了农地经济产出效率以及农地利用程度相对低下两个方面的问题,随着土地用途的转变,土地的社会价值和使用价值也随之产生变化,在此过程中,土地产生了增值收益,分别使权利关系三方从中获益,但这不足以弥补农地非农化过程中土地资源利用效率的损失。于是我们需要进一步分析我国农地非农化土地资源配置机制的运行情况。

在农用地转化为非农用地的过程中,存在一种不可避免的损失,叫作代价性损失,是在保证市场机制完备的前提下,基于土地资源总量固定不变的情况,为保持各部门之间土地资源的均衡分配,农地资源会存在必须被占用的部分,即代价性损失。与此同时存在一种本可以避免的损失,叫作过度性损失。相应地,学者也对农地损失的性质进行了理论区分,分为代价性损失和过度性损失①。在"合理代价"下,土地资源的配置能达到一个相对自由竞争的市场均衡。农地的过度性损失又可进一步分为两类,即过度性损失Ⅰ和过度性损失Ⅱ②。过度性损失Ⅰ是指由于市场失灵的存在,没能将农地利用之外的生态环境、食品安全等非市场价值纳入成本效益决策,从而导致农地价值低估,进而造成过多的农地被占用或损失;过度性损失Ⅱ是指由于政府失灵而导致的土地价格扭曲,无法有效发挥市场机制对于农地的合理配置,从而引发的土地资源的过度需求造成了土地过度损失。由于市场失灵和政府失灵两个不同原因导致的农地非农化配置效率的损失对土地资源的可持续利用、对经济社会的发展都有着实质性的区别,因而针对不同形态的农地非农

---

① 曲福田,冯淑怡,诸培新,陈志刚. 制度安排、价格机制与农地非农化研究 [J]. 经济学(季刊),2004(4):229-248.
② 许恒周,郭玉燕. 市场失灵与农地非农化配置中农地价值损失 [J]. 西安电子科技大学学报(社会科学版),2010,20(3):51-55.

化配置效率的损失需要采取不同的政策和应对措施①。

就当前我国农地过度非农化的状况而言,由于政府失灵造成的过度性损失Ⅱ占有相当大的比例,其中土地资源配置机制、政府部门政策调控机制以及其他相关部门监管机制等方面都可以通过人为调整或重建来减少这种损失,缓解农地资源过度开发的现状,从而达到耕地保护的目的。

二、基于现代产权理论的城乡土地使用权权能一致性

在现代产权基本理论中,产权是指由所有权、使用权、收益权和处置权等一组权利组成的"权利束",具有明确性、排他性、有限性、可分解性、可交易性、行为性等特征,其中明确性是指产权主体清晰,资产归属明确;排他性是指利益主体在合法范围内享有自主且排他的占有、使用、收益和处置资产的各种权益,同时,产权还具有激励、约束、协调和增进资源配置的功能。作为现代产权理论的代表人物之一的德姆塞茨对于产权的解释侧重于产权的功能和作用两方面,即"产权是引导人们实现将外部性较大地内在化的激励""产权帮助一个人形成他与其他人进行交易的合理预期"。

在社会经济日益市场化的条件下,完备的市场条件使得产权的现实可分解性增强,产权分解开后,由两人或多人同时拥有同一资产的不同属性,使得资产的利用效率大幅提高。土地产权是以土地所有权为基础,土地使用权为核心,包括土地占有权、收益权和处置权在内的关于土地财产的一切权利的综合。不同的主体拥有按用途细分的相应土地产权,在交换和让渡中可以使得土地产权发挥最高效的分配、使用和再分配。

在我国当前的政治体制、经济制度和社会现状等复杂的背景下,农村土地制度的产权十分模糊,农民享有使用权,集体享有所有权,这使得许多违法侵害弱势农民土地权益的事件此起彼伏,而贸然进行农地私有化或国有化的所有权属变更必然会引起广泛的争议,随之而来的政治、经济等各项交易

---

① 许恒周,郭玉燕. 市场失灵与农地非农化配置中农地价值损失[J]. 西安电子科技大学学报(社会科学版),2010,20(3):51-55.

成本也十分庞大。所以，在目前针对我国农村土地产权的研究上，我们首先应该根据城市国有土地使用权的权能来规划和完善农村集体土地使用权的权能。① 其次，我们理应继续坚持现行的农地集体所有制，秉承城乡土地使用权权能一致的原则，在集体和农户之间明确土地所有权的主体，探索所有权实现方式的可能性，落实集体土地所有权的权能归属。再次，可以按照用地性质和产权对农村集体土地使用权加以分类，目前已有的分类包括：农村承包经营权、宅基地使用权和集体建设用地使用权，在此基础上对农村土地使用权能进行完善，使农民的土地产权能通过土地价格和收益的分配来体现。农村承包经营权应包含转包、转让、出租、互换和股份合作的权能；宅基地使用权则应享有与城市国有土地相应的权能；城市国有土地使用权包含的出租、转让、出让、抵押和投资等权能也应同样给予农村集体用地使用权。对于国家土地和集体土地使用权实现"权利平等和公平"，让集体建设用地在法律范围内有条件地进入市场流转，激发农户对于农地的保护和开发利用行为，推动土地使用权物权化，丰富农地经营形式，优化土地资源配置，推动城乡土地市场发展，完善土地市场体系。② 最后，农村土地集体所有制的产权实现形式所对应的法律法规也应加以完善，应从法律角度确立农民作为土地的直接利益的主体地位，③ 推动形成以土地使用权为核心，权能完备的农民土地财产权利体系。

三、农地非农化流转市场理论和作用机制

农地非农化流转是指农业用地流转为建设用地，发挥居住、交通、工业和商业功能的过程，土地这一生产要素在不同部门的重新配置推动了我国的

---

① 丁同民. 健全我国农村土地征用法制路径初探 [J]. 河南大学学报（社会科学版），2010，50 (3)：66.

② 盖凯程，于平. 农地非农化制度的变迁逻辑：从征地到集体经营性建设用地入市 [J]. 农业经济问题，2017，38 (3)：15.

③ 丁同民，孟繁华. 我国农地非农化收益分配中的博弈分析 [J]. 河南社会科学，2014，22 (1)：71.

中国农地非农化的制度变迁和创新

城市化和工业化发展,但同时也带来了耕地资源的急速减少,引发粮食安全问题。如何在农地非农化流转中,既妥善维护农民权益,保证其基本生活水平,又能推动市场合理运转,有效解决土地供给和需求矛盾,使土地资源发挥良好效益是本章主要探讨的内容。

总体来说,我国传统的农地非农化有三种实现途径,一是国家直接划拨或者出让国有农地(包括农场、林场等),使其非农化;二是国家划拨或出让征用来的农村集体土地,这种途径最为常见;三是在不变更集体土地所有权的前提下,使农地转为非农建设。而我国现行的土地制度下,农地非农化主要以两种方式存在,一是国家建设(包括建设城市、铁路、公路、水利等其他用途)占用农地;二是集体建设(包括修建农村道路、农村水利、集体公共设施、集体企业等占地)和农村居民个人建房(转为宅基地)占用农地。

在我国,农地非农化流转遵循的是由政府主导,由国家统一征用的形式。这有助于维护农民的权益和社会的稳定,其本质是一个政府过程,因而要增强农地非农化市场流转的规范性必须首先增强政府行为的规范性,当前我国农地非农化流转市场产生的诸多问题的主要原因在于各级政府的结构失衡和运行过程失范。

所谓政府过程结构失衡主要是指农地产权制度、征地制度的不完善,以及行政体制的结构性弊病,这使得政府在农地非农化流转的工作过程中出现侵害农民权益的可能性增大。政府运行过程失范则主要包括内部运行过程失调和政府—社会互动机制失范。政府内部运行过程失调又包含中央政府与地方政府之间、地方与地方政府之间、地方政府不同层级之间、行政与立法以及司法机构等其他政府内部间互动失调。政府—社会互动机制失范则包括政府与一些组织机构不完善的农民社会组织之间的互动问题。① 首先,想要解决我国目前在农地非农化流转过程中出现的问题并且为今后的工作创造良好的社会氛围,实现我国农地非农化的长期目标,就必须从根源抓起,完善法规和制度章程,在实际工作中不断发现和解决问题;其次,要妥善整改政府内

---

① 刘玲,王慧. 我国农地非农化监管存在的问题与对策[J]. 重庆社会科学,2007(12):13.

部的失调因子，规范落实政府间的互动行为，使各工作流程有法可依、有章可循，让立法和司法机关的监督和制约功能有效发挥；最后，还要有序发展农民社会组织，使其走上健康良性的发展道路，为实现政府与社会之间的合理互动助力，为农民提出诉求提供组织平台。① 根据农业农村部的相关政策法规要求，农地非农化流转首要原则是必须要遵守有关法律和政策规定，采取合法的转让、转包、互换、出租和股份合作等流转方式。这就要求政府职能部门加快编制具有科学统领作用的土地利用规划，完善我国农地产权制度以及征地制度，建立健全人事制度，构建完备的行政体制。

农地非农化流转市场机制的正常运转要求我们着力于农地征用制度的推陈出新，破除束缚农地市场良好发育的约束条件，为实现城市和农村土地市场的权能一致的对接和农地资源的集约利用打好制度基础。② 在此基础上加快发展土地这一生产要素市场，在原先的城乡分割的二元土地市场的基础上构建起城乡统一的农地市场，形成城乡统一的农地市场化配置体系，兼顾农地和非农化后建设用地两者边际收益的相等，将农地资源的外部性内部化。使得农地能够在全流通中实现市场化配置，改善从前因农地资源扭曲性配置导致的农地使用价格的人为扭曲，农地价格与价值相违背，集体和农民在土地增值收益分配中比例不断下降等问题，有效改善价格分歧，使土地作为城镇化建设中的稀缺资源获得应有的配置价格，发挥最佳的经济效益，也能有效改善先前地方政府在征地补偿过程中有违公平公正的分配取向，国家和地方土地管理部门仅对土地使用权的转让和转租进行法律规定的注册和管理，其余事项包括转让方式、转让价格等交由当事人自行协商，有效发挥市场调节机制，使价格水平趋向于市场化。

---

① 胡伟艳. 城乡转型与农地非农化的互动关系 [D]. 华中农业大学博士学位论文，2009.
② 谭荣，曲福田. 中国农地非农化与农地资源保护：从两难到双赢 [J]. 管理世界，2006（12）：50.

中国农地非农化的制度变迁和创新

第四节 我国农地非农化制度特征及原因分析

新中国成立后的农地非农化制度虽然持续在改革、改进，但本质上都属于计划体制模式内的征地制度，这一制度为我国的城市建设用地获得了大量的低价格的征地，并获得了高额的经济附加值，低成本的土地要素供给推动了经济建设的持续高速增长，积累了可观的发展资金，但是却遗留下来高昂的社会成本。现有的农地征用体制基本是在 20 世纪 50 年代初期制定的条例框架中加以调整和改进的，按照《宪法》和《土地管理法》等其他制度规定，国家征用是农地非农化的唯一合法途径，这一体制的本质是高度的计划集中，土地要素不断流向城市，但囿于各种条件限制，安置政策无法全部到位，因征地释放出的劳动力大量滞留农村，城乡二元结构愈发突出，城乡差距不断扩大，影响了经济的持续高效发展和社会的安全稳定。基于当前存在的农地过度非农化问题，综合衡量各方利益确保农地资源高效利用的问题解决已经提上日程，目前我国政府已经采取了相对严格的调控政策对农地非农化市场机制进行干预，比如占补平衡和先补后占的耕地保护制度，即农地用途转换的过程严格落实"以补定占、先补后占、占进补进、占优补优"的新要求，在新增建设用地的同时，使基本农田保有量维持在保证粮食安全的可控区域内，从而保障我国耕地总量动态平衡机制的正常运行。

一个典型的问题在于对被征地农民社会保障的缺失。伴随着征地，一个特殊的群体——失地农民随之出现，一般来说，一亩地的征用意味着 1.5 个农民失地，根据 2003 年国家农调总队的调查结果和 2012 年十七省地权调查报告的数据，我国失地农民已经达到 6000 万左右。他们大多处于城市与农村的地理边界，在城市就业缺乏足够的竞争力，在失地后沦为了"三无农民"，即"无地种田，无岗就业，无份低保"，是需要在法律层面进行社会保障的群体之一。他们在被征地过程中，大多没有得到所谓的能保障其长远利益的补偿，在失地后年均支出普遍上升，年收入下降。在重新就业过程中，因失地

第三章 我国农地非农化制度变迁分析

农民文化程度普遍不高,再就业的学习培训成本较高,工作经验不足,无法获得心仪的工作。失地农民若在被征地之后转入城镇生活,其随之而来的子女教育、医疗、养老等问题也迫切需要相应的社会保障落实在法律中。

综上所述,通过对我国的农地非农化制度变迁的梳理和分析,一方面,不同时期的制度确实较好地协调了城镇化与农地保护之间的关系;另一方面也依然存在较多的问题,整体呈现出一种非健康的亚稳定状态。政府作为农地非农化工作中最关键的一环,各类问题需要得到有效的监管。目前我国农地非农化现行制度存在缺陷,阻碍了土地由计划体制向市场化的转型过渡,学界和政界都应为了推进农地非农化的良好转变努力探索,本书认为存在着不完全的市场经济体制下政府权力行使问题;集体土地产权模糊,界限不明;不合理的土地城镇化模式有违市场经济发展趋势;立法滞后,监管力度不够等方面的原因。具体来讲,应该从以下四个方面进行重点分析和归纳总结。

一、政府与经济关系方面

在当前我国的政治体制和市场经济制度下,首先政治一定程度上影响着经济体制,政府对于市场经济制度有着主导和极大的影响力。① 其次,GDP 的数字与政绩的成绩单几乎画上了等号,容易使土地工程畸形发展。正如习近平总书记曾提出的,"既要金山银山,也要绿水青山;绿水青山就是金山银山;绿水青山既是自然财富,又是社会财富、经济财富。"在农地非农化过程中,各级政府理应正确理解政绩中经济、环境与民生的关系,形成合理的组成配比,及时调整自身角色,以服务的心态去调整曾经的管理的姿态。②

由于我国各地区之间经济发展不平衡,土地资源利用比例不协调,中央颁布的相关土地政策在落实到地方的过程中,需要结合各个地方的实际情况

---

① 许德林. 农地非农化调控的市场机制与政府管制研究 [D]. 南京农业大学博士学位论文, 2011.
② 王家庭, 陈天烨, 冯树. 改革视角下中国新型城镇化红利及其释放路径 [J]. 区域经济评论, 2015 (3): 149.

再次进行调整，从而使地方政府在政策实施过程中掌握了相当一部分主动权，再加上中央政府对其监管力度不够，造成了土地资源浪费问题凸显。当前我国土地所有制为城市土地归国家所有、农村土地归集体所有两种形式并存，在农地非农化的过程中，必须由国家政府出面征收农村集体土地，从而使其转变为国有土地之后，方可放置于土地一级市场进行土地使用权出让，然而地方政府在代表国家行使职权时，出于地方政绩需要以及自身利益考虑，常常对国家规定的农地非农化总量指标视而不见，占用土地资源。由于政府成为农地非农化市场机制运行中的流转枢纽，割裂了土地交易市场上买卖双方的供需关系，从而在土地用途转换的过程中形成了土地价格差异，其中可观的利润空间正是地方政府不断加强农地非农化力度的根本原因。

地方政府还应该调整近些年来由粗放型的土地开发来获取高额的财政收入的发展模式，"土地财政"已经被理论和实践证明是难以为继的，是一种不可持续的发展方式。政府不断在征地和土地一级市场中运作，追求最大化的利益，归根结底还是政府对于"土地财政"的过度依赖和热衷。各级政府还是应该因地制宜，制定区域长期发展规划，不过度强调土地红利，将目光从土地，从城镇化过程中崛起的房地产行业上挪开，合理开发地方特色，发展区域特色产业，追求可持续发展的长远道路，让农地非农化以合理的发展速度推进，使农地资源得到集约利用。

什么造成了政府失灵？作为一只"看不见的手"，对于价格机制、供需机制以及收益分配问题，市场经济发挥着至关重要的调节作用。而市场本身也容易存在缺陷，此时需要一只"看得见的手"来弥补这些不足，也就是通过发挥政府职能，对市场进行政府干预，从而保证社会经济平稳有序的发展。然而我国政府干预过多或者干预不当，反而抑制了市场机制的自发调节作用，追根溯源，导致土地市场失灵的根本原因还是政府失灵。首先，我国农地非农化管理制度本身存在缺陷，1996年修改后的《土地管理法》在诸多法律条文中暴露出土地征收程序的弊端以及土地规划程序的不完善等问题。与此同时，从中央到地方的垂直管理不彻底，并且行政执法力度不够强硬，导致政府干预失灵。其次，地方政府在农地非农化过程中不惜以牺牲耕地为代价，将其盲目转化为城市建设用地，试图通过买卖或者开发以谋取经济利益，从而忽视了社会生态环境的保护，这与中央政府所追求的宏观经济长期可持续稳定增长的目标相背离。可见政府在进行宏观调控的过程中受到了阻断，致使政府干预失灵。

二、集体土地产权制度方面

我国当前集体土地产权模糊，界限不明。在现行的农地制度法律法规中，农村的土地归农村集体所有，但是由于大部分的农村集体经济组织并不能发挥实际作用甚至根本形同虚设，使得农村的农地产权主体不确定，产权主体的权利无法落实，农民所有的土地使用权经常被地方政府变更调整，其他土地权利包括转让、出租、抵押和收益权更是不为农民所有。

这样的产权制度安排影响了农民对于农业生产的积极性，使他们承担了很大的农业投资风险，在农地非农化过程中更是缺少话语权，在征地中无法参与谈判、决策和监督，处于弱势地位，使其基本权益受损。土地是农民的基本生产资料，是他们的生活和养老保障，但是农民缺乏合理合法的土地使用权、土地流转权和土地收益权。农村土地的产权虚设问题阻碍了土地要素的合理配置，不能有效制约农地适度非农化。加强产权理论和制度建设是解决当前人地矛盾的有力武器，是推动农地非农化制度改革、逐步走向市场化的必经之路。

当前我国土地资源各方面的规划问题由不同政府部门分别负责，其中土地利用规划由自然资源部（国土资源部）负责，城市规划由住房和城乡建设部负责，发展规划由国家发展改革委负责，这三种规划直接关系着土地资源配置效率及其经济效益，可见实现这三个部门之间的协调统一至关重要。然而实际情况却不容乐观，随着我国城镇化进程的加快，农地非农化内外动力的驱使，城市建设用地面积不断加大，早已超出国家拟定的预期指标。对于新增的城市建设用地，由于当前土地规划约束不够，加之开发程序不正规、不合理，致使土地没有得到充分利用，从而出现了大量的闲置土地。目前一些城市会试图通过夸大发展规划目标，向中央政府争取更多的建设用地，以突显地方政绩，从而脱离实际情况扰乱土地市场秩序，进一步加剧了三部门之间的土地规划矛盾。

三、土地价格市场化方面

在多年的市场经济政策下，城市化、工业化进程中的各项建设都已逐渐形成了市场化的资源配置方式，① 而土地这一生产要素仍旧遵循政府的计划行政配置模式，政府的指标成了唯一的主宰，这使得土地与其他生产要素的矛盾不断突出。在土地征收、土地一级市场流转中，价格机制几近停摆，土地用途的管制制度强行将城乡的土地价格二元化，城乡土地市场被分割，严重违背了市场经济体制的发展规律。在政府主导下推进的城镇化有着廉价征地、高价售地的内在冲动，不利于土地资源的合理配置，只有充分发挥价格机制，使资源配置遵循市场经济的规律，土地的用度由市场来决定，才能有利于土地资源的合理和优化配置，保证城市化过程中的农地非农化速度和耕地数量。② 当然，这并不意味着完全否定政府的作用，有关部门应发挥其权力之内的监管作用，保证土地流转的合法性，保护土地产权主体的合法权益。

市场和政府本应该相辅相成，各司其职，共同保证农地非农化机制的高效运转，但基于我国目前的情况而言，政府部门干预过多以及干预不当，导致市场在农地资源配置中的基础性作用没有得到有效发挥，加之我国农地非农化市场机制本身尚不完善，从而使土地资源配置的过度性损失加大。对于我国当前土地征收补偿制度，依然存在着部分法律条款不明确，地方政府土地征收程序不透明，相关税费不合理以及取得土地的补偿价格偏低等诸多问题。由于农地产出为农民带来日常收益的同时，土地资源本身也可以看作农

---

① 杨宝林. 农地非农化流转中土地收益分配机制研究 [D]. 哈尔滨工业大学硕士学位论文, 2007.

② 张包平. 城镇化：有利于守住18亿亩耕地红线 [J]. 宏观经济管理, 2011 (11): 24.

民的一项资产,因此,我国当前土地征收补偿制度存在的缺陷对农民的切身利益造成了损失。若长此以往,农民的权益得不到应有的保障,失地农民得不到应有的补偿,势必会对社会稳定造成恶劣影响。此外,随着城市建设用地的开发程度加大,房地产业持续升温,处于城市周边的土地所有者考虑到其土地的区位优势以及利润潜力,越来越倾向于将土地资源用于获得更高收益的开发方式,进一步强化了土地所有者将农用地转化为城市建设用地的动机,从而加剧了我国农地过度非农化的状况。

什么造成了市场失灵?基于市场经济理论,实现要素市场化配置的首要条件是明晰产权。我国土地产权制度的缺失是造成土地资源市场失灵的根本原因,基于《土地管理法》第63条规定:"农民集体所有土地的使用不得出让、转让或者出租用于非农建设。"这意味着从法律层面上无法保障农村土地市场的建立,加之农民仅有的土地使用权也经常受到地方政府的控制,致使农民利益得不到切实保障,充分发挥市场调配作用更无从谈起。当前我国农地非农化市场机制对于农地资源配置基本上是低效的,虽然国家政策是以市场经济为导向,但是我国土地市场的生产要素是通过市场与计划两种手段共同进行配置的,其中关键问题在于地方政府对最基本的要素——土地资源具有垄断性控制,由于土地征收成为农村集体土地进入土地一级市场的唯一合法渠道,从而国家掌握了土地买卖的双向垄断,以至于我国农地非农化价格机制以及供需机制的基础性作用没有得到有效发挥,这样的市场机制势必不会达到预期的效果。此外,农地非农化存在外部性,目前的房地产开发商以及土地所有者过于考虑自身利益,一味追求经济效益最大化,忽视了城市建设过程中对农业生产以及生态环境带来的恶劣影响,将社会公共利益抛之脑后,从而对土地资源造成不必要的浪费。当前务必要对以政府规划为核心的土地制度进行改革,并将土地用途的分配完全交给市场来决定,才能充分发挥市场机制的资源配置作用,进而使农地非农化市场失灵问题得到有效解决。

四、立法和监管方面

在本章第一节中,我们详细介绍了政府在新中国成立以来不同时期的法律法规，《宪法》《土地管理法》《土地管理条例》《农村土地承包法》等多项法律法规，都在法律的层面使现行的农地非农化制度有其存在的空间。农地非农化的市场化是社会发展的必然趋势，要想推进市场化，必须由政府在立法层面确立相应的法律法规，保障农民的合法权利。① 当前我国农地非农化制度立法方面所展现出来的特征体现在以下三个方面。

第一，对农村土地产权缺乏清晰的法规规定，农地产权制度伴随着农地制度进行了数次的修订调整，但其具体的法律界定至今仍然十分模糊。根据《宪法》规定，"农村和城市郊区的土地，除由法律规定属于国家所有外，属于集体所有；宅基地和自留地、自留山，也属于集体所有。"但是在《土地管理法》中又有，集体有村农民集体、乡（镇）农民集体、村内两个以上农村集体经济组织三种。由此我们可以从具体的法律条文中发现，农村集体土地产权的主体定义十分模糊，加之前文所述的农民所有土地产权的不完整更增加了农民被侵权的可能性。

第二，法律条文中对征地范围界定不清，根据《宪法》规定，"国家为了公共利益的需要，可以按照法律规定对农民集体所有的土地实行征收或征用，并给予补偿。"政府在行政过程中，对"公共利益"这一概念的界定有极大的自主活动空间，一个项目的"公共利益"如何评估，其审批程序如何，是否经过公开的听证和投票等程序，均没有明确的法律法规约束，因而地方政府追求自身利益最大化的现实潜在冲动必然左右其中，导致地方政府滥用公共权力。从 1987 年至今爆发的三次著名的"圈地运动"中，第一次（1987~1993 年）内地县级以上的开发区高达 6000 余个，占地共计 1.5 万平方公里，而当时的城镇用地总面积只有 1.34 万平方公里；第二次"圈地运动"始于 1998 年，共圈占土地 3.51 万平方公里；第三次"圈地运动"各地开发区总量达 5524 个，仅浙江省就有 758 个开发区，共有 4000 多平方公里的规划面积，是省内现有城镇面积的 3.6 倍。三次沸沸扬扬的现代"圈地运动"中，在合法征用范围之外的圈地就是各级地方政府"巧妙"利用了"公共利益"的模

---

① 周立群，张红星. 农地适度非农化：寻求合理的实现机制 [J]. 学术月刊，2011，43（2）：78.

糊性。

第三，土地征收和补偿条文上的法律支持仍不够全面。2004年修订过的《土地管理法》在第47条规定，征用土地的补偿费用由土地补偿费、安置补助费、地上附着物和青苗补偿费四块组成。前两项补偿标准分别为该耕地前三年平均年产值的6~10倍和4~6倍，特殊情况下这两项费用的总和最高不超过被征收前三年平均年产值的30倍，地上附着物和青苗补偿费则按照其实际价值计算。"而前两项补偿费用归农村集体经济组织所有，后两项补偿才归属于农民，这样的补偿分配无法满足我国土地制度中"确保被征地农民原有生活水平不降低"的原则，30倍的最高限制使得在实际中无法满足对农户的合理权益补偿。我国从新中国成立后征地至今，累计支付的土地征收补偿费用少于1000亿元，与土地收益相比，相当于农民无偿放弃了几十万亿元的土地财产权。

监管问题虽然在立法上早有规定，但是没有在行政过程中发挥应有的职能，监管的加强是确保政策法令落实的重要手段，应该引起有关部门的足够重视。农地非农化制度当前正处于计划与市场双制度并存的模式，既不利于土地资源的高效配置和使用，也不利于我国经济体制的转型发展，这也加剧了人地、经济和社会矛盾。

通过对我国农地非农化制度变迁过程中的特征及其原因分析，发现我国农地非农化的行政配置手段或机制基本上是低效的。其主要原因在于我国农地产权及市场制度改革相对滞后，特别是国家行政垄断的土地征用制度存在问题较多，带来负面影响较大，导致市场在农地资源配置中的基础性作用没有得到有效发挥。因此，在国家科学宏观调控下农地非农化的市场配置是提高我国土地利用效率的必然要求和努力改革与完善的方向。

第五节　本章小结

本章首先回顾了新中国成立以来我国农地非农化制度的变迁，通过梳理和分析新中国成立以来近 20 个具有代表性的有关农地非农化的法律法规,并就浙江嘉兴的"两分两换"模式和中原经济区的"人地挂钩"模式进行的具体尝试进行了重点论述与分析。其次基于产权理论、要素价格理论和资源配置理论,并结合中国"地少人多"、城镇化速度不断加快的实际,探究我国农地非农化实际的运行机制,总结出我国农地非农化的"三种实现途径"和"两种存在方式"。

研究发现,当前我国城镇化进程依然不断加快,土地要素不断流向城市,但囿于各种条件限制,安置政策无法全部到位,因征地释放出的劳动力大量滞留农村,城乡二元结构问题愈发突出,城乡差距不断扩大,影响了经济的持续高效发展和社会的安全稳定。究其原因,可以从政府、法律和制度层面进行分析。从政府层面看,完全的市场经济体制下,政府权力行使失当。从法律层面看,立法滞后,监管力度不够,土地征收和补偿条文上的法律支持仍不够全面;集体土地产权模糊,界限不明,诱使政府、个人以及其他社会组织争相攫取其中的利益。从制度层面看,不合理的土地城镇化模式有违市场经济发展趋势。

第四章 我国农地非农化市场制度创新分析

第一节 农地非农化市场制度创新框架

在多年的农地非农化制度探索中,集体建设用地的市场化流转已经初见成效,政府的作用正在逐渐从土地市场中淡化,可以说市场化已经成了农地非农化制度改革的基本方向①。本章我们要探讨的内容就是如何培育土地市场的主体,逐步确立完备的市场规则,最终建立一个在政府有效管制下的城乡统一的、具备良好竞争环境的土地市场结构和制度创新框架。

一、土地市场法律法规和价格机制创新

我国目前的《土地管理法》以及其他法律法规仅仅对土地征收或者征用做了原则性的规定,对于具体的操作流程和执行标准没有明确细化。建立农地非农化制度框架的首要步骤就是要填补法律法规的缺失。具体来说,依照国际惯例,结合我国国情和土地发展、利用情况,制定专门的征地和用地法规,据以详细地规范土地征用工作,包括土地征收过程可能涉及的所有环节,例如,征地申请、征地听证、征地前和批准后的公告、征地补偿的原则以及不同情况下的补偿标准、征地纠纷的处理办法等。

在土地一级流转市场中,首要问题就是破除城乡分割形成的"二元市场"

---

① 张建,汪应宏,毛璐,胡贵.人口迁移、农地非农化与我国农地制度变迁[J].农村经济,2008(1):21-25.

中国农地非农化的制度变迁和创新

问题。针对当前广泛存在着城乡同地不同价，拥有土地使用权的农民却缺乏参与市场交易的权利以及享有与城镇居民不完全对等的交易权利等问题，在建立创新的农地非农化制度框架中，必须使农民享有同等于城镇居民的各项土地交易权利，使之以更加独立的交易主体形式存在。同时，为构建城乡统一的农地非农化市场，必须先建立健全农地非农化的市场价格形成机制，[①] 如采取公开的招标、竞价、拍卖等市场操作方式。

二、政府在土地市场中的职能角色转变

在搭建农地非农化市场制度创新框架过程中，政府作为一个重要组成部分，将要完成一个主导者向管理者的职能转变。前文大量的研究和数据证明，当前政府在土地市场上的权力过大，在将来完全市场化的土地市场中需要其缩小权力界限。只有代表计划体制的政府作出适当的退出，土地市场才能有足够的活动空间。通过立法和行政双重的约束，使政府在一级土地市场中充分但不越界地发挥管理和监管作用，有所为有所不为，把维护农民合法权益和土地市场合法正常运转作为主要工作之一，建设管理和服务型的政府。弱化作为土地一级市场的市场主体的功能，转而制定各项市场制度和规则，包括市场准入制度、交易制度、补偿制度、储备制度等，确保土地的市场流转能在政府的严格监管之下。

在这一点上，我国政府的一个主要工作是可以充分借鉴美、日、韩等具有发达市场经济的国家政府，不再强征土地，若需要在公共利益用地范围内使用私人土地，必须根据法律规定与所有权人进行协商购买，最后协商不成的才可以依法行使最终征地权，但对农民的补偿标准依然要遵从市场价格。[②] 政府的另一个主要工作就是根据国家的各项政策制度，在逐渐退出土地市场的同时，积极培育新的市场主体。

---

①② 中国社会科学院农村发展研究所"农村集体产权制度改革研究"课题组，张晓山. 关于农村集体产权制度改革的几个理论与政策问题 [J]. 中国农村经济，2015（2）：4-12+37.

三、供求双方的市场主体权利义务界定

培育包括土地供求双方在内的完善的市场主体是创新农地非农化制度必备的条件之一。供地者作为市场主体的一方,从土地性质上可分为国有土地经营者、集体土地经营者,前者可由国有土地资产经营公司作为法人机构代理,后者可由土地投资合作社、集体土地股份合作社等法人机构代理。在遵守国家法律法规和地方土地总体建设规划的前提下,两类供地方应在土地一级市场中享有公平、平等的土地供给权利。① 若待流转的集体土地在城市建设规划之内,则供给方应出让完整的土地产权权力束;规划区外的土地则可以在市场中将土地产权分解后部分出让,通过协商、招标、拍卖、转租等市场化操作完成土地的流转。而作为市场主体的需求一方,无论是公益性还是经营性的用地需求,都必须经过土地市场购买、承租,不得进行违规操作,凡是恶意炒作、囤积土地的做法都将依法受到惩处。

第二节　农地非农化流转有形市场体系创新

一、土地资源非农化配置体系

土地资源同时具有基础性、稀缺性,对于社会发展有无可替代的重要作用,在漫长的农业社会,其作为人们发展农业生产的重要生产和生活资料而存在。随着工业化的发展,农业用地开始部分逐渐转化为非农建设使用,从20世纪60年代左右开始,大量的农地被转为城市与工业用地。土地的集约使用大大提高了土地利用效率,用于城市工业化发展的土地吸纳了大量的劳动力,规模化的工业生产效率远高于原先零散的土地农产效率。因此,从经济效益角度看,土地资源非农化配置后整体效率得到提高。② 农地转为非农建设

---

① 孙长忠. 新农村建设进程中土地非农化问题研究 [J]. 经济经纬, 2008 (3): 103-106.
② 王彦玲. 工业化国家处理农地非农化问题的启示 [J]. 边疆经济与文化, 2008 (3): 61-62.

用地使用的过程实质上是土地资源在农业部门和非农业部门之间、不同产业之间重新分配的过程。但由于土地资源的特殊性质，它具有十分多样化的用途，同时兼有经济效益、生态效益和社会效益，集体和个人尽管只有土地使用权，但土地资源仍然是最重要的财产之一。所以，到底有多少农地转为非农使用才算合理，才是资源的最优配置？到底怎样的农地非农化布局才能发挥出更大更长远的经济效益？怎样的资源配置方式能保证各主体的利益？这些问题始终尖锐而又充满矛盾，需要理论和实践的不断探索。

伴随着经济社会的发展，我国的土地资源配置方式先后经历了计划经济和市场经济两个体制下的发展。① 在计划经济时代，政府掌控了农地资源非农化配置的各项权利以及经济体制的运行和发展；在市场经济的体制下，土地资源的配置则主要由市场的自发调节来发挥主要作用，土地资源的经济运行也趋于市场化，但是受长期的计划经济体制的约束和影响，政府并没有完全退出农地资源非农化的配置体系，持续发挥着干预和调控作用。

在农地资源非农化的配置体系中，主要需探讨农地资源在农业部门以及其他非农业部门之间的土地资源配置问题。许多学者的研究表明，判断两部门之间土地是否达到最优配置，主要标准就是看两部门的边际收益是否相等。具体来说，根据国内学者提出的耕地非农化的动态最优配置模型（诸培新、曲福田，2002）总结出两个层面的经济含义，第一，从全社会角度看，任何时候耕地资源产品价格即耕地转为非农建设用地后的土地价格（耕地资源的边际价值）应是耕地的边际农业利用价值、耕地的边际环境价值、耕地资源转为非农用地的边际开发成本和耕地资源边际使用者成本四项之和。第二，从社会整体利益角度考察，只有当增加一个单位的耕地资源的保有量所带来的福利增加与所要付出的代价相等时，耕地资源的所有者才会停止别人或自己对耕地资源的非农开发。② 当前我国农地资源从农业部门转向非农业部门的主要途径就是国家在征收农村集体土地之后，转为国有的土地，通过招标、

---

① 诸培新. 农地非农化配置：公平、效率与公共福利 [D]. 南京农业大学博士学位论文，2005.
② 诸培新，曲福田. 耕地资源非农化配置的经济学分析 [J]. 中国土地科学，2002（5）：14-17.

拍卖、挂牌等市场操作在土地一级市场中出让，土地使用者在得到土地使用权后变更了原有的土地用途。

我国土地资源市场化配置经过30余年的发展，已初步完成了由计划体制向市场体制的过渡发展。20世纪80年代末，深圳首次对国有土地使用权进行了拍卖，标志着我国的土地有了新的使用方式，也有了包括转让权和抵押权在内的新的产权形式。在2001年前，土地资源配置就从完全的行政划拨逐步过渡为有偿的出让形式，土地的配置效率不断提高。但是受前一个阶段计划体制的影响，农地非农化仍主要经过行政划拨的途径，建设用地基本仍要通过政府的配置。① 土地市场的发育还很不健全，土地资源无法通过市场完成有效配置，例如，出让土地仅能通过协议形式。2001年，国有土地的使用逐步建立起了市场配置制度，土地资源的配置逐步开始了市场化的变革。在市场机制被引入土地资源配置体系后，土地资源的供应和出让方式由无偿转为有偿，由无期限转为有期限，由无流动转为有流动，是多年来我国农地资源非农化配置工作取得的重要进展。

我国的土地资源非农化配置体系经过不断地调整发展，仍然表现出许多不足之处。首先表现为土地调控措施的落实情况不理想。尽管政府先后颁布了各方面的政策法规来控制农地非农化中出现的问题，但是由于各个地区的政治和经济等实际情况千差万别，地方政府的利益与中央政府不同，国家的政策无法对各个地区的情况都作出十分详细的规定，致使地方政府不会全面有效地落实政府的宏观调控措施，也给了各个地方部门很多钻空子的空间。② 比如，国家在"耕地总量动态平衡"的要求中明确表示，"占一补一"的质量和数量需要同等，但是在地方政府的落实中，经常只有数量上表现为一致，由于质量的核定缺乏规范有效的程序，也没有易执行、易判别的标准的约束，使得上级部门无法严格判定质量是否做到了对等的补偿。地方政府为了当地

---

① 曲福田，冯淑怡，诸培新，陈志刚．制度安排、价格机制与农地非农化研究［J］．经济学（季刊），2004（4）：229-248．
② 金晶，曲福田．中国农地非农化政策调控：理论分析框架的改良设计［J］．中国人口·资源与环境，2010，20（11）：96-101．

的招商引资或其他经济建设，向上级部门虚报了新增的耕地，以求获得更多的建设用地指标的现象也始终无法从根本上避免。再比如，地方政府一味追求更多的农地转为非农建设用地以加快经济增长，但是往往忽略了用地结构的合理优化，忽略了生态环境的有效保护等。此外，当前土地非农化配置体系表现的突出问题仍然是市场化程度不足、土地规划缺乏有力约束等。

当前我国的农地非农化配置效率损失主要源自市场失灵和政府失灵两大方面，其中政府失灵起到主导作用。① 市场失灵主要表现为土地的市场价值未能准确反映和体现到相关的土地决策中，致使农地非农化的效率发生损失，农民群体的权益受到损害。发生市场失灵时，农地外部效益（包括社会效益和生态效益）不能体现在市场价值中。由于市场失灵的存在，农地的利用收益无法仅通过边际收益判定，否则将会造成过度的农地非农化。由于技术条件的限制，转为非农化使用后的土地无法重新转为农地使用，或者成本十分高昂，因此农地资源的配置必须十分谨慎，做好统筹安排，追求可持续发展。而所谓政府失灵，则表现为政府相关制度的不完善，无法有效约束土地的供应量、管理土地交易价值，间接导致土地市场运转不灵，使得土地的非农化配置过程无法实现完善的市场化配置机制。

二、农地非农化价格管理体系

在当前的市场经济体制下，土地价格作为土地在不同部门（个人）之间配置的重要调整信号，直接影响着土地在农业和非农业部门之间的转移，同时也是市场中调整土地供需关系的重要工具。

在上小节我们探讨过关于农地非农化配置效率损失的两大原因，主要是市场失灵和政府失灵。学者也对农地损失的性质进行了理论区分，分为代价性损失和过度性损失。在"合理代价"下，土地资源的配置能达到一个相对自由竞争的市场均衡。相应地，农地的过度性损失又可进一步分为两类，其

---

① 王定祥，李伶俐. 城镇化、农地非农化与失地农民利益保护研究——一个整体性视角与政策组合［J］. 中国软科学，2006（10）：20-31.

第四章 我国农地非农化市场制度创新分析

一,市场失灵导致的过度性损失 I,指在进行土地资源成本价值估计期间,由于忽视了农地资源的非市场价值,譬如生态环境、社会稳定以及粮食安全等诸多因素,从而低估了土地开发成本,误导了非农化进程导致对农地开发过度,造成了土地资源浪费;其二,政府失灵导致的过度性损失 II,指在农地资源配置过程中,政府机制干预过多,压迫了市场机制自发的调节作用,加大了对土地资源的过度需求,导致土地价格扭曲进而造成损失。由于市场失灵和政府失灵两个不同原因导致的农地非农化配置效率的损失对土地资源的可持续利用、对经济社会的发展都有着实质性的区别,因而针对不同形态的农地非农化配置效率的损失需要采取不同的政策和应对措施。

在国家征用农村集体土地的过程中发生了土地所有权的转移,政府需要支付给集体或者农民相应的征地补偿费用。但在我国,征地具有义务强制性和国家垄断性,被征地的对象即集体或农民不具备议价能力,政府具有单方面制定补偿价格的权利,从而导致政府征地的价格必然低于通过市场进行的招标和拍卖价格,因而在农地非农化的过程中,征地补偿价格不是正常的市场价格,从而形成了特殊的土地市场及土地价格,可称之为土地征用价格。

土地收归国有后,政府作为土地一级市场中具有绝对优势的供地者,又通过协议、招标、拍卖等形式将土地租出或售出,对应形成土地协议价格、招标价格以及拍卖价格。同样地,政府具有相当程度的定价权,政府从中获取土地出让金或土地年租金,形成有别于普通商品或生产要素交易的土地市场交易。土地交易价格受地方政府的控制,进而受到地方官员的偏好性影响。例如,许多地方偏好通过低价的土地吸引外来投资,也容易引发官员寻租行为,[①] 产生许多不正当的土地价格操作和交易。当然,特殊情形下,国家或政府也会通过行政划拨将土地使用权无偿转让给土地使用者,而只收取极少量的土地租金或是管理费用。相应地,支付给集体或农民的征地补偿费用也是很少的,此类情形通常是提供给具有公共性质或是极大地有利于当地民生、

---

① 姜和忠,徐卫星. 农地非农化配置中的收益分配问题:基于可持续发展理论的公平原则[J]. 中国土地科学, 2011, 25 (6): 65-69.

公益或是经济发展的项目,这种行为我们称作土地划拨市场,形成的价格称作土地划拨价格。当土地使用者从政府手中获得土地使用权之后,再在土地二、三级市场中以转让、出租等方式对土地使用权进行再转移,体现出土地的转让价格,在此过程中形成的土地价格则基本遵从市场机制的规律。综合农地转非农化的全过程,大概可以分为六种土地价格,按价格从高到低排序,分别为土地转让价格、拍卖价格、招标价格、协议价格、划拨价格和征用价格。前三类价格的形成机制为市场定价,主要由市场竞争决定其具体的高低;后三类价格则体现为政府定价,受到法规、政策等因素的影响更大。值得一提的是,协议定价不经过市场操作,会产生过度性损失Ⅱ,所以其价格明显低于招标价格和拍卖价格;划拨价格则是土地资源受政府配置的主要体现形式,由政府定价且价格最低,也会产生过度性损失Ⅱ,且损失程度高于协议出让价格。

在农地非农化的过程中,土地市场结构和土地价格体系的不同会产生不同的影响,可主要分为政府定价和市场定价两类情况。在政府定价中产生的征地价格、划拨价格和协议价格均低于市场水平,容易造成农地非农化的速度过快、总量过高,进而发生土地闲置等资源浪费,使土地资源整体配置效率下降,产生较大程度的过度性损失Ⅱ。在市场定价下,招标、拍卖等形式固然能较好地反映市场体制下的土地资源的价格,使集体、个人等土地供应者获取较高的经济收益,但囿于市场的资本运作,土地资源作为特殊的生产要素无法形成最佳的社会配置,进而形成过度性损失Ⅰ。在我国目前的土地市场,政府定价和市场定价没有达到最好的结构配比,现存的机制不能准确反映土地的总价值。① 此外,由于土地交易市场化程度依然很低,招标和拍卖两种土地价格的存在比例也很低,使得市场机制无法有效发挥其配置资源的作用,农地非农化的全过程中存在着巨额的过度性损失Ⅱ,以及有更大改善空间的过度性损失Ⅰ,整体的土地市场结构不理想。

---

① 何俊烨. 我国农地非农化增值收益分配中的政府行为研究[D]. 西南交通大学硕士学位论文, 2014.

追溯当前的土地市场和土地价格的成因，制度因素还是首要原因。如前文所述，农村集体土地的产权所属主体不明确，使之无法在土地征用中有效保护农民权益，进而放大和强化了政府在征地过程中的议价能力。① 针对集体土地的使用权，首先，目前不仅没有完善的法律法规明确界定农民在其中的权利，而且集体土地在实际中也缺乏行之有效的机制保证其中的每一个农民都能享有所有权，所以造成了集体土地所有权在现实中没有实际的主体去行使权利。其次，各地方政府拥有较大的征地权力，中央政府对地方征地的实际控制力不高，国家对国有土地的宏观调控力无法覆盖到每一块土地。甚至在《土地管理法》中都明确表明，县以上的地方政府就拥有一定的土地使用审批权限，尽管后续的法规申明了上级部门要对地方加强监管和审批，但是由于各级政府对于征地的利益都是一致的，征地的审批和监管并不严格，所以地方政府几乎享有国家层面所有的对国有土地的所有权。但是地方政府往往缺乏长远的城市建设和土地使用的规划，容易受短期的征地能带来的经济发展的局限，过速过量征地。此外，土地征用的范围大、分布散、牵扯面广，使之区别于其他政府政策决定，在不涉及切身利益的情况下不会形成公众参与决策，计划征地的决定几乎没有民主参与，这些制度上的缺陷和现实中的综合因素都为政府滥征地提供了便利。②

轻易征收而来的土地使地方政府可以轻易地用划拨和协议等方式提供给土地使用者。一方面，划拨和协议的土地价格也必然高于征地补偿费用，政府没有直接损失，相比于招标和拍卖的复杂程序，划拨和协议出让土地的方式能快速将大规模的土地从政府手中转出，迅速获得财政收入；另一方面，政府往往将土地提供给投资商或者其他"形象工程"，官员的政绩变得显而易见，从而得到寻租或者升迁的机会。法律制度的缺陷、地方政府的局限等诸多因素的存在使土地市场无法正常运转，市场机制无法有效调控土地价格，

---

① 钱忠好，牟燕. 中国农地非农化市场化改革为何举步维艰——基于地方政府土地财政依赖视角的分析 [J]. 农业技术经济，2017（1）：18-27.
② 谭荣. 农地非农化的效率：资源配置、治理结构与制度环境 [D]. 南京农业大学博士学位论文，2008.

导致土地市场配置失灵,价格体系混乱。①

三、农地非农化收益分配体系

土地收益是指土地(土地资产)在开发经营和利用过程中由于经营性因素或其他外部客观因素所形成的利润。换言之,土地收益的来源包括内生和外生两方面,内生来源是指通过经营土地、对土地进行开发利用从而获得的经济增值;外生来源则是指由于社会经济的发展、区位优势的加强、资源的稀缺等原因产生的土地增值收益。在农地非农化过程中,土地收益的表现形式为,各个利益主体通过对国有和集体所有的土地使用权进行出让、租赁、课税等操作从中获利。

从宏观角度分析,我国的土地收益在现行制度下主要包括地租收入、地价收入、地税收入和地费收入。而土地收益分配亦有狭义和广义两个概念,广义上讲,土地收益分配可理解为对社会经济的调控,包括对生产资料、生产要素的分配和调控,狭义概念则可以理解为对经济收益和消费资料的分割,在这里我们讨论的主要是狭义范畴内的土地收益分配。在农地非农化的过程中,主要包括以下几个方面的土地收益的分配:①政府在征收土地中获得的初始收益的分配。②在土地一级市场中通过出让、租赁等市场操作进行的对土地所有权收益的分配。③政府通过征收土地流转过程中的税费所进行的对土地收益的再分配。在这三种收益分配中,包含了政府、集体、企业、单位和个人等各类收益主体,实际为政府、土地使用者、土地所有者以及其他相关主体之间的利益博弈,收益分配调整了他们之间的经济利益关系,又由于政府以行政和经济两种形态参与收益的分配和再分配,土地收益的分配涉及众多的法律法规和政策规定,政府的宏观调控对土地收益分配起到了调控作用,使之不再单纯是一种经济行为,而同时兼有了利益性、公共性、调控性

---

① 童建军. 我国土地收益分配机制研究 [D]. 南京农业大学硕士学位论文, 2003.

和稳定性。①

市场经济体制下，我国的土地使用施行了有偿使用制度，农地转为非农化用地过程中的收益主要有地价、地租、地税、地费等表现形式，实际中可能包括征用地管理费、用途变更费用、新增建设用地土地有偿使用费、出让业务费、耕地开垦费、耕地占用税、农业重点开放建设资金、土地补偿费、安置补助费、土地出让净收益等。② 基于土地收益形式的多样性，土地收益分配的表现形式也具有多样性。

在地价分配上，我国主要实行批租制度。国家在将国有土地使用权转让给其他土地使用者的过程中，通过协议、招标或者拍卖等市场运作方式出让了规定年限的土地使用权，获得了土地使用者交纳的土地使用权出让金，这份地价收入在各级政府之间进行收益分配又有两种主要表现形式，分别为出让金分配和土地股权收益分配。

出让金分配的标准在《中共中央　国务院关于进一步加强土地管理切实保护耕地的通知》（以下简称《通知》）中有所规定，首先国有土地使用权的出让必须通过公开的招标拍卖的方式，要求建立土地基准地价和标定地价评估的公布制度，向社会公布土地成交价格；其次《通知》规定，原有建设用地的土地收益全部留给地方，专款用于城市基础设施建设和土地开发、中低产田改造；最后针对农地转非农建设的土地收益，《通知》规定需全部上缴中央，但是原则上用于耕地开发，具体办法由国务院另行规定。此外，还明确强调国有土地使用权出让等有关土地收益全部纳入财政预算管理，各级人民政府及其财政、审计部门要加强对土地收益的监督管理，防止资产流失。同时，根据《新增建设用地土地有偿使用费收缴使用管理办法》（以下简称《办法》）第三条规定，土地有偿使用费的30%必须上缴中央财政，70%上缴地方财政，专款专用于耕地开发；此外还规定取得新增建设用地的县、市人

---

① 何俊烨. 我国农地非农化增值收益分配中的政府行为研究 [D]. 西南交通大学硕士学位论文, 2014.

② 童建军. 我国土地收益分配机制研究 [D]. 南京农业大学硕士学位论文, 2003.

民政府都必须按《办法》规定的标准及时、足额缴纳土地有偿使用费,并详细规定了缴纳程序;强调各级财政、审计及土地行政主管等相关部门务必加强对土地有偿使用费的监管。

土地股权收益的主要特点是国有土地的收益表现为股权收益,土地股权收益分配表现为股息收益分配。根据《股份有限公司土地使用权管理暂行规定》第十条和《国有企业改革中划拨土地使用权管理暂行规定》第三条的规定,"国家根据需要,可以一定年期的国有土地使用权作价入股,经评估作价后,界定为国家股,由土地管理部门委托国有股权持股单位统一持有""国家以土地使用权作价出资(入股),是指国家以一定年期的国有土地使用权作价,作为出资投入改组后的新设企业,该土地使用权由新设企业持有"。在这种土地使用模式下,土地使用者只需要与国家或政府分派股权就可以获得土地使用权,而无需直接缴纳土地出让金,既为用地单位节约了初始资本投入,对国家或政府而言,股权收益相对固定的一笔土地出让金而言更具有投资价值和长远的收益回报。

关于地租收益的分配,即是指政府通过将国有土地出租给土地使用者所获得的地租进行分配①。土地使用者与政府相关部门签订一定时限的土地租赁合同,并根据合同规定支付土地租金,这个时限通常以年为单位,故可称之为年租制度。具体的租金可由地方政府通过协议、招标或拍卖的方式决定,按合同规定每年地租金额固定的成为年定额租制。年分成租制则是指土地使用者在每年终按合同规定的比例,交纳相应比例份额的收入作为地租的制度。不论采用何种租金制度,国家在获取租金后都将会在各级政府之间进行分配,最常见的分配方式为年租金分配模式。在年租金分配模式下,年租金主要作为地方政府的土地收益纳入当地的国有土地有偿使用收入之中,并根据规定,将其作为专款专用于今后的城市基础设施建设或其他土地开发活动,其实质相当于土地出让金。土地年租金的计算公式为:土地年租金=年租金标准×计

---

① 崔向前. 科学推进城镇化背景下的河南省土地制度改革研究 [J]. 决策探索(下半月),2015(4):56.

收面积×修正系数。目前,单位或个人需要根据相关法规缴纳年租金的主要情形包括:①划拨土地使用权的同时出租了地上建筑物和构筑物的;②在获得土地使用权后改变其土地用途用于商业、旅游、娱乐等经营活动获益的;③法律法规许可的其他情形。

在地税分配上,主要的特点就是中央与各级地方政府间实行分税制。土地税收是历史最为悠久的税种之一,在农地转非农化过程中能充分协调中央和地方各级政府的收益分配,据此协调各地的经济发展。其中地方税有营业税、房产税、土地增值税、城镇土地使用税等,中央税有所得税,银行、保险公司等单位缴纳的营业税以及城市维护建设费等。地税的分配不仅有协调土地收益分配的作用,也可根据税收分配责任,加强管理效率。

要实现市场经济条件下的土地收益分配机制改革,必须首先明确正确的改革原则和路径,在这过程中,我们必须坚持效率原则和公平原则。效率原则的含义就是用最低的成本追求土地的最优化配置。从宏观角度看,土地收益分配机制的关键在于实现全社会各利益主体的收益分配,以求达到社会经济发展效率的最大化①。在收益分配中,必须保证土地在服务于经济发展的同时,让各个权益相关体得到理应享有的合法收益份额,避免出现强势一方侵吞弱势一方收益的情况。效率原则的一个重要方面就是保证农地非农化收益分配体制运行过程中的交易成本最小化,包括交易前的草拟、协商、谈判等费用,交易过程中所需缴纳的各项费用,以及交易后产生的监督、纠正等费用。一定时期内的收益产生所需的费用占整体收益的比例,称作土地收益征收成本率:土地收益征收成本率=征收费用/土地收益。

通过这一理论模型的建立,我们可以清楚地认识到,要保证土地收益的最大化,就必须降低各个环节的征收费用,在农地转非农化的过程中,精简人员和机构设置,提高运营和维持效率。针对现实问题,在征收主体上,必须有效监控相关政府官员寻租行为的发生,加强贪腐的监督检查力度;在征

---

① 姜和忠,徐卫星.农地非农化配置中的收益分配问题:基于可持续发展理论的公平原则[J].中国土地科学,2011,25(6):65-69.

收的过程中,必须以总体规划为指导,避免征收过度、滥征滥用导致的土地闲置浪费,以及土地和环境破坏,因为这不仅损害相关主体的利益,也不利于全社会的资源利用和生态保护。

在农地非农化过程中,公平原则的重要性不容忽视。所谓公平原则有多层含义,首先要以公平的原则保证权责一致,各个主体的所得利益和所承担的费用需要保持正比,高份额的收益主体必须承担相应的高成本付出。其次还体现在各个用地主体在获得土地配置上要坚持公平原则,除通过市场之外,还要在收益的杠杆调控中体现出针对差异化的用地主体的公平原则。当然,公平原则在实际操作中并不是单纯表现为绝对公平,各个收益主体有其强弱势的相对性,要充分考虑到弱势群体的利益,使相对公平维持在能者多交、弱者少交的动态平衡之中。但相对公平的维持必须要通过相关的法规或政府行为起到约束作用,保证同等能力的主体必须缴纳同等的费用,弱势群体享有同等的倾向性优待。最后,公平原则还体现在收益的费用与收益人取得收益机会的可能性大小成正相关。例如,由于地理区位的不同,农地非农化后的收益也必然不同,地理区位好的土地今后的收益机会也相应更大,地段不佳的土地在今后的收益也会更少,则这种取得收益的机会需要相对应地体现在收益的费用上,形成一个有高有低的费用区分。公平是保证效率的前提,效率是维护公平的动力,无效率的公平是虚无的,只是徒增土地资源的浪费;无公平的效率是不能长久的,只有维护好收益分配公平,才能保证社会弱势产业和群体的权益。公平和效率是我们在农地非农化收益分配体系中始终要兼顾的天平的两端,两者无先后也无轻重,必须要保障两者在实际中有机的转换和动态的平衡。

四、农地转非农用地的市场法律体系

随着多年来土地市场化的发展,市场机制已初步发挥了其在农地非农化中的基础性资源配置作用,但同时土地市场秩序紊乱、人地矛盾突出等问题也随之而来。科学有效的市场法律制度是保障农地非农化在市场化轨道下有

效运转的重要方面。①

数十年的土地市场发展中，出现的弊病主要可以归为以下几类。第一，由于缺乏法制约束导致的人为权利的不合理扩大。在市场经济体制下，非农土地利用者多为企业等经济主体，他们难以避免地在利益的驱动下想要占有更多的土地；官员追求政绩或者当地的经济发展，都不免有过度征地和用地的倾向。由于缺乏法律法规的约束，市场的经济主体和政府官员的行为都容易导致土地市场的混乱，农民和集体的利益受损。第二，行政手段的受限性。对于农地非农化的许多环节，政府通过行政手段代为行使法律中赋予国家的权利，因此行政人员的能力水平，对具体情况的了解程度都极大地左右了土地资源配置的效果。而法律手段则更具普遍意义的规范性和约束性，通过法律手段保护土地的供应者、所有者和经营者的各项权利，能使土地市场在更加公开、公平、公正的健康环境下发展。② 第三，政策的时限性。国家往往会根据某一特定时段的国情和国家经济发展规划制定相应的土地政策，科学有效的土地政策作为调控土地市场的重要手段，对于控制农地非农化的总量和速度，质量和结构都有重要作用，也在一定程度上有力地推动了农地非农化的市场化发展。但我们必须认识到，政策受时限影响较大，适用范围有限，因缺乏权威性而在执行中效果不佳，所以再好的一项政策也需要不断地改进，并且政策永远无法替代法律成为约束和保障公民权利义务的章程。

综上所述，在缺乏有效的法律法规的约束下，政策、行政手段和行政人员所拥有的权利都会在实际中或扩大或缩减，导致无法很好地推动土地市场化进程，规范市场发展。③

改革开放以来，国家已出台多项法律法规，推动和规范土地资源非农化配置的市场化。2003年，国家出台了土地相关的调控政策，对当时的房地产

---

① 李永乐，吴群. 土地市场发育与农地非农化——基于省际面板数据的估计与测算［J］. 中国土地科学，2009，23（11）：45-49.

② 陈伯庚. 土地市场法律体系建设探索［J］. 上海农村经济，2005（1）：6-10+1.

③ 金晶，曲福田. 中国农地非农化政策调控：理论分析框架的改良设计［J］. 中国人口·资源与环境，2010，20（11）：96-101.

中国农地非农化的制度变迁和创新

投资过热、农地被违法侵占等由市场失灵和政府失灵引发的问题起到了有效的遏制和缓解作用。2004年,《关于深化改革严格土地管理的决定》全面而系统地对农地非农化工作作出了各项规定,包括严格土地执法管理、切实保障农民权益、严格控制用地范围、健全相关责任制度等,有力推动了土地资源的市场化配置进程。2006年,《国务院关于加强土地调控有关问题的通知》出台,更为明确地指出了要加强土地管理和耕地保护的责任落实,要求针对当时的工业用地和建设用地过度、过快增长的现象以及土地的违法违规使用、滥征滥用等行为进行更加严格的管理和控制;建立了工业用地出让最低标准统一公布制度,以严格规范农业用地转为非农建设用地的程序,对土地管理行为的监督和检查进一步强化,并强调要对土地的违法违规行为进行严肃的惩处。在农地资源的配置过程中,各个环节受制度、法律法规及其他各种政治、社会、经济、文化因素的不同程度影响,对其配置效果起到或促进或抑制的作用。

尽管针对土地市场化体制下的法律法规建设已经取得了较好的发展,然而现有的法律体系仍存在体系不完善、可操作性差、执法和司法力度不够这三个主要问题,土地市场秩序混乱,市场化发展迟滞。① 首先,在完善法律法规体系建设上,当前的主要问题是我们缺乏具备整体约束力的土地基本大法,在土地规划、土地资源和耕地保护、土地的权利关系界定、土地产权归属等方面均缺乏行之有效的法律条文。此外,土地作为自然资源的同时还是一种重要的社会资产,应有相应的土地财产法;在土地市场交易中,需要制定征地、旧城改造、交易、租赁转让等法律,应尽可能全面地规范到农地非农化过程的全方面。其次,现有的法律体系多停留在原则性和概念性的层面,缺乏操作性。农地非农化过程中牵扯面广,涉及的利益主体和实际情况千差万别,仅依靠原则性的法律无法解决实际中出现的各种纠纷。例如,农村的集体土地权属归于乡镇和村集体所有,但没有详细规定农民作为集体的成员享

---

① 丁同民. 健全我国农村土地征用法制路径初探 [J]. 河南大学学报(社会科学版), 2010, 50 (3): 66-72.

有哪些权益,如果涉及征地,补偿金往往不能落实到农民手中。城市的国有土地使用权和收益也同样由于没有法律上明确的权责和收益分配规定,导致其所有权和收益往往落于地方政府手中。这些问题都说明我国现行的土地法律法规在原则性规定之外缺乏可操作的规定,这为地方执行时的混乱和违规埋下了隐患,钻空子、打"擦边球",出现土地乱批、乱占、乱用的现象。因此,我们在法律体系的建设中可以参考国外的许多管理经验,不断完善细则、健全案例。① 最后是司法问题,我国的法律不仅建设体系不完整,而且在执法和司法过程中也并未实现有力有度的贯彻和执行。所以在加强土地法制建设的同时,必须加强民众的法制意识教育,行政官员更应加强执法和司法的能力,做到有法必依,违法必究。

在土地市场法律体系构建中,首先,应明确的是坚持以科学发展观为指导思想,以人为本,始终坚持从人民群众的根本利益出发。土地资源是 13 亿多中国老百姓赖以生存的最基础的资源,土地问题的任何一条法律条文都可能影响数以万计的普通人的生活。所以土地市场的法律建设务必体现人民意志,充分尊重全体人民对土地资产的所有者权利,让人民群众参与到土地使用决策的制定中来,并能通过法律维护和保障人民群众的利益,尤其是需要保证农民集体所有的土地不受侵犯。其次,法律建设应成为提升土地资源利用结构的最高手段,通过法律,使各个部门的用地在合理的配比中,协调和促进全社会的经济发展。此外,土地市场的法律还应体现出对耕地的保护规定,科学、合理、集约和高效用地,以确保坚守粮食安全这一重要红线,在规划使用下使我国土地资源的开发利用走上可持续发展之路,造福子孙后代。最后,土地的自然属性是资源,社会属性是资产。法律不仅要对土地资源做好保护,也应规范土地资产的权益性。国家、集体、企业、个人等各种社会主体、社会阶层都会拥有土地资产,土地的权属问题、交易问题都需要在法

---

① 谭丹,黄贤金,陈志刚,王仕菊,胡初枝. 中国土地市场化程度及其影响因素分析 [J]. 城市问题,2008 (1):14-18.

中国农地非农化的制度变迁和创新

律中得到重视和规范。①

在土地市场法律建设中,规范市场交易问题是重难点。土地作为一种特殊商品,其配置和产权转移具有特殊性。在多年的市场化发展后,土地有偿化已十分普遍,在市场主体、市场交易方式、市场透明度等方面已有诸多问题亟待解决,单凭市场调节已不能有效解决的时候,必须运用法律等政府手段加强宏观调控,严加管理和控制。

土地市场法律体系的建设首先必须遵守法制统一原则,确保其以宪法这一国家根本大法为基本立足点,与国家法律体系的总原则和总要求相符,达到纵向的主从之分。在此基础上,再根据土地市场法律所需要解决的问题的特殊性来制定专门的土地法律,形成相对独立的法律体系。其次还应遵守与其他法律之间的协调统一原则②。农地非农化的市场化过程涉及农业、工业、商业、住宅、文教、房地产等。因此,土地市场法律体系必须与这些外部相关产业或行业的法律法规形成协调配套,有界限明确的区别,也能够在横向间相互协调。根据前文详细介绍的当前土地市场法律体系存在的弊端和问题,在今后完善法律建设的过程中必须加强可操作性,法律不只是条文,更应该是能被高效利用到实际案情中的标准,法律最终是需要人去遵守和执行的,必须有能便于贯彻执行的具体实施办法。最后,市场经济的发展具有普遍意义上的共同性,国外许多国家经过数百年来的发展已经形成了较为成熟和成功的经验,值得我们参考借鉴,也能使我们的法律体系与国际接轨。但我国是一个实行社会主义制度的发展中国家,土地公有制和市场经济制度并存,国土面积和范围大,人口基数大,地区经济发展和人口分布很不均衡,在借鉴发达国家的法律法规之余,一定要认识到与我国在基本国情上的区别所在。

五、农地转非农用地的中介服务体系

中介服务机构是在依法建立的基础上,通过协调、检验、仲裁、评估、

---

① 王定祥,李伶俐. 城镇化、农地非农化与失地农民利益保护研究——一个整体性视角与政策组合 [J]. 中国软科学,2006 (10):20-31.

② 陈伯庚. 土地市场法律体系建设探索 [J]. 上海农村经济,2005 (1):6-10+1.

评价等活动方式为政府和市场主体、市场主体和市场主体间的业务往来服务，从中收取相应费用，承担相应责任。中介服务则是指中介机构向市场主体提供信息咨询、培训、法律、经济等各种服务的行为。中介服务体系有四个主要特点，即独立性、服务性、专业性和多元性。独立性是指中介服务机构服务的主体为具备独立性的外部机构，含营利性组织以及非营利性组织。同时，中介服务机构也作为独立的市场主体，在提供服务的同时收取费用、承担责任。服务性则是中介服务业作为第三产业的基本特点。专业性则是对中介服务业核心业务的基本评断，中介服务业是基于社会分工不断细化和发展的产物，其核心业务具备专业性。中介服务一般是在企业、政府及其他市场主体将一部分的专业职能进行市场化和外部化后产生和发展的。多元化则是指中介服务体系作为现代服务业，在提供服务的领域、层次和活动内容上兼具多元化，并且在市场上存在不同类型的中介服务机构，从而形成了中介服务市场的多元化。在我国，房地产市场的中介服务较为成熟，① 对于完善农地非农化的中介服务体系有借鉴作用。

土地中介则是专门为土地市场的各类交易活动提供对应的代理和服务的行为。由于西方的发达国家具备多元化的土地所有权存在形态，土地交易的市场化程度较高，如美国，其土地所有制的主体是以土地私有制为主的，私人所有的土地在国土面积中占58%，联邦政府所有土地占到32%，地方政府则只占10%，其土地所有权形式的多样性是土地交易市场化的前提。在我国，土地的中介服务伴随着土地市场化的逐步推进而兴起，其发展时间并不长，认为"中国并不需要土地中介"这样的声音也在学术圈浮现。学界认为我国的土地中介属于典型的并购行业，我国目前的土地市场尚在改革中，例如，学者吴世彬认为目前市场背景下的土地中介处于政策的灰色地带，他们在一念之差之间可能会由于利益驱使损害农民的财产和权利。②

---

① 龚志文，刘太刚．我国房地产业对土壤的环境影响及对策［J］．环境与可持续发展，2015，40（3）：101-105．
② 张志泽，王丽．农地非农化过程中的社会风险问题研究［J］．行政与法，2011（9）：55-57．

土地市场的中介服务主要包括用地咨询、土地使用权的交易经纪、评估地价等各项业务活动，存在用地咨询机构等不同类别的公司和组织机构。用地咨询机构主要从事土地征用、开发、转让、租赁和抵押的咨询策划、政策指导等多项业务，通过不同性质的服务，帮助投资者或土地使用者在相应环节做好土地投资的方案设计或是用地方案，有效解决土地市场的信息不对称问题，为顾客节约投资成本的同时增加产出效益。

土地的交易经纪机构则可以为土地交易提供信息以及洽谈的场所，并帮助交易双方完成交易合同的签订以及所需的相关手续，它的主要作用是帮助参与土地市场交易的各方及时地了解各个市场主体的情况和市场行情，从而促进土地市场交易的顺利进行。土地估价机构则是主要从事土地价格评估的公司或组织，其主要作用是通过帮助各个市场主体了解进行土地使用权交易的可能价格，通过价格评估结果帮助客户制定交易决策。

第三节 农地非农化宏观调控制度创新

一、农地非农化宏观调控的理论依据

在优化配置农地资源的过程中，我们理应始终坚持发展、保护与协调并重，据此来构建我国农地非农化的宏观调控制度，以实现保持社会经济高速发展的同时完成农地非农化的优化配置。当前我国农地非农化配置面临着市场失灵和政府失灵的双重问题，[①] 相应地在宏观调控制度中应针对性做出改进措施与建议。

由于农地资源具有较为突出的外部性特征，即农地资源在不同的使用方式下能产生多样化的生态、社会和经济价值。在社会经济发展和农地非农化的快速进程中，农地资源配置越发表现出其强烈的负外部性。由于中国当前农地资源日渐短缺，农地非农化资源配置的市场机制建设远未成熟，无法有

---

① 谭荣，曲福田. 农地非农化的空间配置效率与农地损失 [J]. 中国软科学，2006 (5)：49-57.

效达到资源配置的自动均衡,使得我国的农地非农化市场一方面面临一般市场体系都存在的外部性问题,即市场失灵Ⅰ,另一方面还面临市场机制自身缺陷带来的难题,两相影响下扩大了农地非农化资源配置的市场失灵问题。①

市场失灵Ⅰ会引发过度性损失Ⅰ,是在市场机制下广泛存在的"外部性问题"导致的市场失灵。其传导机制是,虽然市场能较好地反映农地的各项经济价值,但是对于农地表现出的各种非经济价值,如社会和生态价值无法很好地显现,社会总成本是包含各项"外部性成本"的,这导致了市场主体行为的总成本偏离了社会总成本,从而引发了农地非农化的效率和社会总福利损失。市场失灵Ⅱ也同样会引发过度性损失Ⅰ,这一类型的市场失灵是由于市场内在机制的不健全和市场环境的公平高效性缺乏,使得这一市场机制无法完全或者有效发挥其资源配置功能,尤其表现在欠缺市场准入和收入分配的调节市场失灵Ⅱ同样会引起农地非农化的效率和社会总福利损失。②

二、当前农地非农化宏观调控的问题

在农地非农化配置存在广泛的市场失灵的现状下,政府必然会介入配置体系的调控。但现实中,政府的干预并没有有效弥补市场失灵的缺陷,多年实践中体现的问题主要包括:①政府干预过度使得市场配置资源的有效性受到影响,政府干预的过度性称为政府失灵Ⅰ。在农地非农化过程中,政府具有强制征地、制定补贴标准的权力,导致地方政府往往可以在农地非农化的各个定价环节中获得大量的经济效益,这一政府行为使得大量的农地被过度非农化,而政府制定的征地和转让价格却并未有效体现农地的社会和生态价值,从而造成了过度性损失。②政府的干预并不都是有效的,在现实因素下政府干预的无效性称为政府失灵Ⅱ。例如,中央政府追求的粮食安全和生态平衡等目标往往为地方政府所忽略,地方政府更多地追求自身利益的扩大,

---

① 谭荣,曲福田.现阶段农地非农化配置方式效率损失及农地过度性损失[J].中国土地科学,2006(3):3-8.
② 姜和忠,徐卫星.农地非农化配置中的收益分配问题:基于可持续发展理论的公平原则[J].中国土地科学,2011,25(6):65-69.

而当前我国土地管理模式存在层级断裂，使得这一矛盾越发突出。政府干预的失效引发的农地非农化资源浪费和社会总福利损失甚至超过市场失灵。政府失灵Ⅰ和Ⅱ引发的损失称为过度性损失Ⅱ。

因此，针对我国农地非农化过程中同时存在的市场失灵和政府失灵问题，在制定宏观调控制度时就应做出针对性划分。市场主体在农地非农化过程中的行为"外部性"引发的农地过度性损失Ⅰ，因其具有内生性的特点，故称矫正市场失灵的宏观政策调控为内生性政策。① 目前在国内外有三类内生性政策调控广泛应用于解决市场失灵问题：①应用供求关系调节、市场准入等行政性的规制手段培育和搭建农地非农化配置的各项市场制度，构建市场体系。②应用经济性的规制手段来调整和改善农地非农化中的利益与分配的关系，对于有助于提升社会福利的土地利用行为加以奖励，而对于降低社会整体福利的农地非农化利用加以惩罚，可采用税费和补贴等方法来调整市场价格形成过程的诸多不合理问题。③应用社会性的规制手段来增强农地的非经济价值，例如，在农地保护办法中加入评估农地生态和社会价值的方法细则。

政府的不恰当干预行为会造成农地非农化过度性损失Ⅱ，其具有外生性，故将政府失灵的宏观政策调控称为外生性政策调控。根据学者研究和政策实践，有两类基本手段解决政府失灵。第一类是激励性政策，表现为激励地方政府之间以及中央政府与地方政府相互之间开展农地非农化配置的良性竞争与合作，通过激励性政策刺激竞争，促进合作，转变地方政府定位，提高市场机制效率。此外，还应转变对地方政府的管理理念，促进中央政府和地方政府目标的有机协调，合理调整对地方政府的绩效考核，减少地方政府间的不良竞争现象。第二类是松散型政策，表现为放松权限，利用监督机制、增强公众参与等手段来有效减少和规制由于利益驱使而增加的道德风险和官员寻租行为，最终加强监督和非政府性合作。②

---

① 许恒周，郭玉燕. 市场失灵与农地非农化配置中农地价值损失［J］. 西安电子科技大学学报（社会科学版），2010，20（3）：51-55.

② 许德林. 农地非农化调控的市场机制与政府管制研究［D］. 南京农业大学博士学位论文，2011.

三、农地非农化宏观调控创新

通过分析我国农地非农化过程中广泛存在的市场失灵问题和政府失灵问题,以及由此引发的过度性损失Ⅰ、过度性损失Ⅱ,针对性采用内生性政策和外生性政策解决市场主体行为和政府行为的外部性问题。采用综合的规制性措施优化农地非农化的相关配置,以求建立有效的框架解决我国农地非农化现行的诸多问题。

具体来说,在农地非农化的内生性宏观调控中,首先应该有效促进行政性调整政策的市场化推进。我国在农地转非农化的市场化初期阶段,市场发育不够完善,供地政策也普遍带有较为明显的行政性色彩,行政性调控主要是通过调整供应方来引导和调控农地转化需求,其有助于理顺和改良多级市场主体之间的关系,一度成了主要的调控方式。但随着市场化的逐步发展和市场化改革的深入推进,土地价值不断显化,由此出现了许多非法和不合规的土地入市和交易行为,行政性规制的政策也应该随着时代和市场的变化而做出及时有效的调整,寻找合适的干预力度,有效发挥市场的能动力,尽量降低制度调整和执行的所需成本,以实现行政性规制政策的优化和完善。

其次,我国的经济性调整政策尚未成熟,在行政性政策为主要调控手段的时期缺乏突出的效果和作用。在前文中曾探讨过,经济性调整政策主要可以落实到税费和补贴两个方面。然而,我国目前在农地非农化上运用税费和补贴手段来进行调控还较为落后,对调节农地非农化所涉及的权利主体之间的收益分配欠缺力度。[①] 在改进和提升方向上,应该首先着力于完善土地税收体系,合理调整不同的税种、税率、税目以及相应的计征方法,从而使土地资源的配置方式在合法合理的前提下实现多样化。例如,增设惩罚性税种,对长期闲置的土地进行惩罚性征税;扩大增值税的征收范围,对农地、农村建设用地、农转非农地等不同类别的土地采取不同层次、不同税率的征税。

---

① 何俊烨. 我国农地非农化增值收益分配中的政府行为研究 [D]. 西南交通大学硕士学位论文,2014.

最后，在宏观制度框架的内生性政策中还应优化社会性调整政策。在农地资源的保护上，我国政府相对来说完成度较高，较为有效地控制住了农地非农化过快过量的严峻态势。① 不足的是，我国在农地保护政策上偏重于数量上的保护，而忽视了质量、结构和战略布局上的整体规划，对于隐藏的生态问题管护也缺乏重视以及科学的保护手段。所以，在针对社会性的宏观调控政策中，应该着重拓展深度，加强对农地质量和整体生态的计划性保护，并争取将其纳入政策监管当中。充分调动各个社会层面主体的参与度和积极性，最大限度减少不必要的农地资源损失和整体生态质量损耗。

第四节 本章小结

本章在综述发达国家农地非农化和分析我国农地非农化制度变迁的基础上，从市场制度创新框架、有形市场体系创新和宏观调控制度创新等方面探讨我国农地非农化制度创新，以通过培育土地市场的主体，逐步确立完备的市场规则，最终建立一个在政府有效管制下、城乡统一的、具备良好竞争环境的土地市场结构和创新框架。

研究发现，我国农地非农化市场发展路径及框架体系的创新需要构建完善的征地用地、土地市场法律法规和土地市场价格机制，需要政府在土地市场中的职能角色转变、合理界定供求双方的市场主体的权利义务等方面进行制度创新。同时，构建能够根据社会经济发展需要动态更新的土地资源非农化配置体系、价格管理体系、收益分配体系、市场法律体系和中介服务体系等一系列全方位、多联动的农地非农化流转有形市场体系。

在宏观调控层面，我们理应始终坚持发展、保护与协调并重，据此来构建我国农地非农化的宏观调控制度，以实现保持社会经济高速发展的同时完成农地非农化的优化配置。针对我国农地非农化过程中同时存在的市场失灵

---

① 牛海鹏，王文龙，张安录. 基于 CVM 的耕地保护外部性估算与检验 [J]. 中国生态农业学报，2014，22（12）：1498-1508.

和政府失灵问题，在制定宏观调控制度时就应做出针对性划分。在农地非农化的内生性宏观调控中，首先应该有效促进行政性调整政策的市场化推进；其次要突出经济性调整政策的主体地位，合理利用税费和补贴手段，合理调整不同的税种、税率、税目以及相应的计征方法，通过增设惩罚性税种等方式进行经济调控政策的改革；最后在农地非农化过程中由重数量转向重质量，改革创新社会性调整政策的作用。

第五章　耕地面积与城镇化程度关系的实证分析

由前些章节的分析我们可知，农地非农化的过程是城镇化不断向前推进的必然产物，城镇化的加快发展意味着农业用地的不断减少，同时，往往伴随着耕地面积的减少，城镇化的进程也会受到一定程度的影响。城镇化意味着农村人口的减少和城市人口的增加，在当前中国依然实行家庭联产承包责任制的环境下，城镇化与耕地面积之间存在着怎样的关系？是简单的正向或者负向线性关系还是存在着某一个合理的"极值"或者区间，并在区间内能够实现城镇化水平和耕地面积的最优组合？如何判定两者之间最优的共存结合点？因此，厘清耕地面积和城镇化水平之间的关系是做好农地非农化制度创新的关键，有必要对二者之间的关系进行实证分析。

自改革开放以来，河南省城镇化的飞速发展促进了全省的产业升级和经济发展。河南省是农业大省，2017年粮食产量居全国第二位，城镇常住人口城镇化率首次突破50%，达到50.16%，但依然远远低于全国的平均水平，城镇化的发展还有很长的路要走。而城镇化不可避免地会消耗农业用地，与产粮大省的地位存在着矛盾，引发了人们对农地过度非农化的担忧。

因此，研究河南省的耕地面积与城镇化程度之间的关系具有一定的代表性，本章以河南省为例，就耕地面积与城镇化程度之间的关系进行实证研究。

第五章　耕地面积与城镇化程度关系的实证分析

第一节　文献回顾

国内外学者对于城镇化水平与耕地面积变化的关系研究已十分广泛，主要是关于二者在不同区域时空上的相互关系、数量变化规律、驱动机制以及趋势预测等方面。国内外都已有大量的理论和实证分析证明了城镇化进程的加速会导致耕地面积的减少。国外有关城镇化背景下的农地问题研究主要针对城市边缘地带（Urban Fringe）的农地非农化（Heimlich 和 Anderson，2001；Barnard，2010；Delbecq 和 Florax，2010）。城市边缘地区的农地非农化主要指，一是从城市边缘开始不断向农村地区扩散的城镇建设；二是在城市与农村地区相连接处的大型住宅项目的建设。上述两种城市化的发展都不可避免地占用了农地，由此引发了人们对农地面积日益减少的忧虑和学者对相关问题的研究。

国内大量的研究则证实了我国城镇化进程与耕地面积的负向关系，曲福田（2004，2006，2008）对我国农地非农化的驱动机制做出了较为系统的研究，认为城镇化是农地面积减少的主要驱动因素之一。姜和忠和徐卫星（2011）从资源配置最优化的角度分析了中国当前农地的流转等问题，发现现有土地管理制度的不完善造成了耕地的不合理运用。针对河南省的研究包括，崔亚峰（2009）通过研究总人口、国内生产总值等经济因子，运用相关分析和主成分分析，揭示了经济发展、人口增长和农业科技进步是影响河南省耕地数量变化的三大驱动因素；张梅和吴迪（2012）的研究结论相似，认为人口增长和第三产业发展水平的提升会导致耕地面积的减少；杨建云（2013）则从二者的相互关系出发，构建了河南省耕地面积三次环境库兹涅茨曲线模型，验证了工业化、城镇化和耕地面积的关系，得出城镇人口比重和耕地面积的显性三次环境库兹涅茨曲线相关关系，即不同的城镇化水平对耕地面积的变化有不同的作用。

第二节 初步的经验观察

自改革开放以来，河南省的经济发展迅速：国民生产总值由1978年的162.92亿元增长至2017年的44988.2亿元；城镇化水平由1978年的13.6%增长至2017年的50.2%。在二者共同发展的背后，卢方元（2013）认为存在着一种长期稳定的相关关系，城镇化对于河南省的经济具有显著的带动作用，是实现经济发展的必要途径，但是城镇化不可避免地会消耗大量农业用地，特别是耕地。① 河南省作为全国农业大省，耕地数量直接关系着粮食安全问题。河南省耕地面积在1978~1996年随城镇化水平的发展而明显减少。但是自1997年起，这种趋势发生了转变，河南省的耕地面积开始随着城镇化水平的提高而增加。

2017年河南省土地总面积为16.7万平方千米，占国土总面积的1.73%；根据2017年土地变更调查结果，河南全省耕地面积达1.22亿亩，与2009年第二次全国土地调查结果相比，首次实现耕地净增加7.61万亩。在河南省城镇化快速发展的过程中，耕地数量总体上呈现上升趋势，耕地面积由1996年的0.68万平方千米增至2013年的0.82万平方千米，增加0.14万平方千米，增幅约为20%。而河南省各地市在1996~2013年的耕地面积，除焦作市降低了0.6%外，其他地市均随着城镇化发展有所上升，其中信阳市的耕地面积增长了60%之多。此外，城镇化发展处于中等和较低水平的城市耕地面积增幅要高于城镇化水平较高的城市（见表5-1）；同时部分城市的耕地面积变化与城市建设用地增幅之间又呈现出一定的正相关性，如许昌、信阳、周口的城市建设用地面积增幅达2倍之多，而耕地面积增幅也同时超过了20%；郑州、济源、新乡等市的耕地面积也随着城市建设用地面积的上升而有明显增长。

---

① 崔向前. 科学推进城镇化背景下的河南省土地制度改革研究［J］. 决策探索（下半月），2015（4）：56-58.

第五章 耕地面积与城镇化程度关系的实证分析

表 5-1 1996~2013 年河南省 18 地市城镇化水平与耕地面积变化的比较

单位：%

城镇化阶段类型	地区	人口城镇化水平增幅	第二、第三产业 GDP 增幅	城市建设用地增幅	耕地面积变化
较高	郑州	50.7	1190.7	239.5	10.9
	济源	18.8	1067.6	116.2	15.2
中等	鹤壁	25.5	1034.8	115.6	17.7
	焦作	19.5	696.5	136.7	-0.6
	三门峡	23.1	1066.3	65.7	13.6
	洛阳	24.2	1031.7	116.2	22.0
	新乡	24.1	671.1	134.0	26.1
	平顶山	22.9	645.0	102.8	14.6
	漯河	20.4	889.5	146.2	16.1
	许昌	23.2	1233.6	295.7	34.7
	安阳	22.0	811.8	90.9	14.6
	开封	19.3	981.8	98.8	6.4
	濮阳	17.8	770.4	110.8	21.0
	南阳	20.5	717.5	380.6	12.8
	信阳	16.7	1057.8	315.8	60.8
	商丘	19.0	985.2	107.4	9.9
较低	周口	17.9	911.1	293.8	26.3
	驻马店	16.4	955.8	248.5	15.6

注：该分类按照 18 个地市 2013 年的人口城镇化指标进行排名。
数据来源：根据相应年份的《河南省统计年鉴》计算整理所得。

同时，各地市城镇化水平与耕地面积的年平均变化情况，除郑州、许昌、开封、信阳、商丘、平顶山、焦作市外，其他城市的城镇化进程与耕地面积增幅比例相当。据此平均来看，1996~2013 年河南省的城镇化进程与耕地面积变化有一定的正向关系（见图 5-1）。

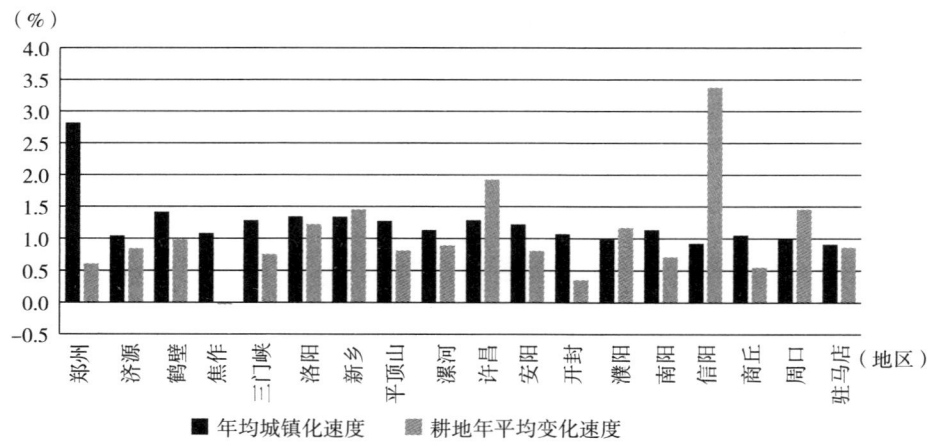

图 5-1　1996~2013 年河南省 18 市城镇化速度与耕地年平均变化情况

注：此处的城镇化指人口城镇化。

数据来源：根据相应年份的《河南省统计年鉴》计算整理所得。

第三节　耕地面积与城镇化程度关系的实证分析

本节以河南省 18 个地市 1996~2013 年的统计数据为基础，构建动态面板系统的 GMM（Generalized Method of Moments）模型，对河南省耕地面积变化与城镇化进程的关系进行了地市层面的实证研究，发现 1996~2013 年，河南省的耕地面积并没有随着城镇化水平的上升而减少，反而有所增加，这与河南省多年来坚守的严格耕地保护制度密不可分。城市扩张和耕地面积保持相对稳定并不矛盾，其关键在于选择适宜的城镇化发展道路及耕地保护政策。基于此，本文主要研究 1996~2013 年城镇化程度与耕地面积之间的关系，并以河南省 18 个地市为研究对象，分析城镇化对耕地面积变化的作用力，这将对本省耕地资源的合理利用和经济的可持续发展具有重要的现实意义。

现存研究主要借助于省级或者国家级面板数据进行实证研究,缺少从微观层面的实证分析,其采用的静态框架也不能反映城镇化程度与耕地面积变化之间的动态关系。因此本文在上述研究的基础上,以研究城镇化与耕地面积变化之间的相关关系为出发点,考虑河南省18个地市的个体效应,并从地市这一微观层面着手,运用基于动态面板系统的GMM模型进行分析,探究城镇化对耕地面积的作用机制,以期得出更符合河南省发展现状的结论和建议。

一、指标选取和数据统计描述分析

以1996~2013年河南省的18个地市为例分析城镇化程度与耕地面积的关系,所有数据来自对应年份的《河南省统计年鉴》。本文借鉴刘旭晔(2015)的研究,从城镇人口数,第二、第三产业GDP以及城市建成区面积这三个角度来衡量河南省的城镇化水平,后文分析所涉及的主要指标如下。

河南省的耕地面积指标(land):每年末的耕地总资源(平方公里)。

人口城镇化指标(pop):城镇居民人口数占总人口数的比例(%)。由于城镇化的一个显著特征就是农村人口流入城市地区,① 因此该指标是使用最频繁的城镇化指标。

经济城镇化指标(GDP):第二、第三产业的国内生产总值合计(万元)。从理论上来讲,第二、第三产业的发展是城镇化向前推进的标志,也是城镇化发展的动因,因此第二、第三产业的GDP加总可以很好地代表城镇化发展水平。

建设城镇化指标(city):城市建成区面积(平方公里)。城镇化过程中消耗的耕地很大部分是用于各项城市建设,因此该指标能够很好地衡量城镇化对耕地的侵占程度。

所列明的变量的描述性统计量如表5-2所示。

---

① 李伶俐,王定祥. 论农地适度非农化机制与制度创新——基于中国城镇化中农地过度非农化的现实背景[J]. 中国农村观察, 2009 (5): 11-22+95.

表 5-2　变量描述性统计量

变量	均值	标准差	最小值	最大值
land	4187.20	2704.51	333.40	10572.00
pop	0.31	0.13	0.09	0.82
GDP	6237563	7350843	375877	60500000
city	65.73	56.91	16.00	383.00

注：统计量（除 GDP 以外）均保留两位小数。

二、模型设定和估计

面板数据能够基于个体的动态行为进行建模。考虑到经济中的惯性问题，即个体的当前行为取决于过去，滞后一期的观测值会对当期产生一定的影响。因此需要将因变量的滞后项作为影响因素加入模型中，即在模型中引入被解释变量的一阶滞后项，构建动态面板数据模型，模型设定如下：

$$\ln land_{it} = \alpha_0 + \alpha_1 \ln land_{it-1} + \alpha_2 pop_{it} + \alpha_3 \ln GDP_{it} + \alpha_4 \ln city_{it} + \lambda_i + \xi_{it} \quad (5-1)$$

为了消除异方差的影响，对除人口城镇化指标 pop 之外的所有变量取自然对数。模型中被解释变量 $\ln land_{it}$ 代表第 i 市 t 时期的年末耕地面积；解释变量 $\ln land_{it-1}$ 代表滞后一期的年末耕地面积；pop_{it} 代表第 i 市 t 时期的城镇居民人口数占总人口数的比例；$\ln GDP_{it}$ 代表第 i 市 t 时期的第二、第三产业的国内生产总值加总；$\ln city_{it}$ 代表第 i 市 t 时期的城市建成区面积；λ_i 代表地市个体效应；ξ_{it} 为随机误差项。

在模型中引入被解释变量的一阶滞后项，自变量与随机干扰项之间往往会出现相关，模型中的各个截面也会存在相关性。相关性的出现导致使用最小二乘法会产生有偏性与非一致性的估计后果，所估计的参数所能代表的经济意义就出现失真。① 为此，Arellano 和 Bond（1991）提出了解决此问题的方

---

① 潘荣翠. 西南五省市城镇化影响因素分析——基于动态面板数据 GMM 估计 [J]. 云南大学学报（社会科学版），2015，14（2）：97-102.

第五章 耕地面积与城镇化程度关系的实证分析

法,即广义矩估计法(GMM 估计)。动态面板数据 GMM 估计如下:

首先,对模型(5-1)进行一阶差分,以消除面板模型的个体效应,得到模型(5-2),如下:

$$\begin{aligned}\text{lnland}_{it}-\text{lnland}_{it-1}=&\alpha_0+\alpha_1(\text{lnland}_{it-1}-\text{lnland}_{it-2})+\alpha_2(\text{pop}_{it}-\text{pop}_{it-1})+\\&\alpha_3(\text{lnGDP}_{it}-\text{lnGDP}_{it-1})+\alpha_4(\text{lncity}_{it}-\text{lncity}_{it-1})+\\&(\xi_{it}-\xi_{it-1})\end{aligned}$$

(5-2)

其次,为消除被解释变量的滞后项($\text{lnland}_{it}-\text{lnland}_{it-1}$)与新残差项($\xi_t-\xi_{t-1}$)之间的相关性,需采用工具变量对模型进行估计,GMM 估计的条件是运用工具变量产生相应的矩条件,本文拟选取解释变量的一阶滞后值为工具变量以避免"动态面板偏差"。

矩条件如下:

$$f(\alpha)=\sum_{i=1}^{n}f_i(\alpha)=\sum_{i=1}^{n}z_i\xi_i(\alpha) \quad (5-3)$$

方程(5-3)中 z_i 为所选取的工具变量矩阵,联立式(5-2)和式(5-3)可得残差项:

$$\xi_i(\alpha)=\Delta\text{lnland}_{it}-\alpha_1\Delta\text{lnland}_{it-1}-\sum_{i=1}^{n}\alpha_i\Delta X_{it} \quad (5-4)$$

为了得到参数 α_i,不能采用最小二乘法的估计量,因其估计量是有偏且不一致的。广义矩估计法(GMM)可以解决上述问题,即选择使样本距之间的加权距离和最小,也就是极小化的目标函数,具体如下:

$$S(\alpha)=\left[\sum_{i=1}^{N}z_i\xi_i(\alpha)\right]`H\left[\sum_{i=1}^{n}z_i\xi_i(\alpha)\right]=f(\alpha)`Hf(\alpha) \quad (5-5)$$

其中 H 为权重矩阵,并且是一个正定矩阵,只要使公式(5-5)极小化,即可估计出参数。GMM 估计的参数如下:

$$\hat{\alpha}=[M`_{ZX}HM_{ZX}]^{-1}[M`_{ZX}HM_{ZX}] \quad (5-6)$$

对应的方差为:

$$\text{var}(\hat{\alpha})=[M`_{ZX}HM_{ZX}]^{-1}[M`_{ZX}H\Lambda M_{ZX}][M`_{ZX}HM_{ZX}]^{-1} \quad (5-7)$$

其中,

$$M_{ZX} = N^{-1}(\sum_{i=1}^{N} Z`_i X`_i)$$

$$\Lambda = T^{-1}(\sum_{i=1}^{T} Z`_i \Delta\mu_i \Delta\mu`_i z_i) \quad (5-8)$$

三、实证结果分析

设置被解释变量 lnland 滞后水平为 1,本文使用 Stata12,为确定最优的模型设定形式,分别对以下模型进行回归①:

解释变量为 pop 的 GMM。

解释变量为 pop 和 lnGDP 的 GMM。

解释变量为 pop、lnGDP 和年 lncity 的 GMM。

回归结果如表 5-3 所示。

表 5-3 混合回归模型、固定效应模型与 GMM 模型参数回归结果比较

lnland	(1)	(2)	(3)	(4)	(5)
L1	—	—	1.614*** (3.351)	2.121 (1.012)	0.393** (2.261)
pop	-1.783* (-0.382)	0.871*** (6.072)	2.621** (4.132)	0.0821*** (7.904)	0.471* (1.812)
lnGDP	0.668* (19.491)	0.0252* (1.967)	—	0.123*** (7.837)	0.131*** (7.595)
lncity	0.245*** (4.712)	0.0427* (1.985)	—	—	0.026*** (4.497)
常数项	-3.201 (-1.621)	7.678* (1.714)	13.129 (1.423)	4.674* (1.879)	2.259** (2.342)

注:***、**、* 分别表示在 1%、5%、10%的水平上显著。括号里为 t 值。

---

① Hausman 检验结果说明应该选择固定效应而非随机效应。

由表 5-3 回归结果可以看出，混合 OLS 回归结果（模型（5-1））中人口城镇化水平的提高对耕地面积有显著的减少作用。但是将 18 个城市的个体效应综合考虑进来后（模型（5-2）），1996~2013 年河南省各地市的耕地面积并没有随着城镇化水平的上升而减少。当考虑个体效应的动态行为后，即使采用动态面板的 GMM 回归方法进行分析，耕地面积与城镇化水平之间仍然保持上述关系。

模型（5-3）~模型（5-5）是逐步引入各解释变量的滞后一阶的 GMM 模型，Wald 检验结果表明模型的参数估计结果具有大样本条件下的一致性；Sargan 检验结果表明模型矩条件可识别；Arellano-bond AR（2）检验的通过表明模型设置使用的工具变量有效，没有产生系统扰动项的序列相关。

模型（5-3）的参数估计结果表示城镇人口的增加对耕地面积有着显著的正向作用；模型（5-4）、模型（5-5）逐步引入第二、第三产业发展水平和城市建成区面积，结果显示二者也对耕地面积有着正向作用。鉴于模型（5-5）不仅在回归效果上比较显著，而且相关变量的贡献率也比较合理和客观，没有被过高或过低估计，因此选用模型（5-5）作为目标模型。该模型显示，1996~2013 年，河南省 18 个地市耕地面积变化与城镇化水平的关系为：城镇居民人口数占总人口数的比例每增加 1%，耕地面积增加 0.471%；第二、第三产业 GDP 每增加 1%，耕地面积增加 0.131%；城市建设区面积每增加 1%，耕地面积增加 0.026%。耕地面积变化与城镇化水平在样本区间内呈现出显著的正向关系。同时，滞后一期的耕地面积对当期耕地面积的影响是正向的，且在统计上显著。

第四节　结论及启示

在城镇化水平不断提高的背景下，人们开始担心由于城镇化建设而导致的农地过度非农化问题。作为农业大省，耕地资源对于河南省的农业乃至经济发展至关重要，因此本书从河南省 18 个地市层面着手，研究城镇化水平与耕地面积变化之间的关系。本书通过计算整理各年度《河南省统计年鉴》的相关数据，分析了 1996~2013 年河南省 18 个地市的耕地面积变化与城镇化水平之间的关系，在此基础上，运用动态面板 GMM 估计方法对上述关系做了实证研究，得到以下结论：

（1）河南省在 1996~2013 年的耕地面积保持稳定增长态势。从地市层面出发，除焦作市外，其他 17 个地市的耕地面积均随着城镇化水平的提高而增加，这与 2017 年河南省土地变更调查结果发现河南省耕地面积增加 7.61 万亩的结果一致。

（2）通过基于动态面板数据的进一步分析，发现城镇人口的增加，第二、第三产业的发展，以及城市建设用地面积的增加并没有导致耕地面积的显著减少，反而对耕地面积有一定的乘数作用。

（3）本文的研究分析结果与杨建云（2013）的研究结论具有较大的一致性，河南省城镇人口比重在 19.35%~32.15%变动时，随着城镇化水平的提高，耕地面积反而增加，耕地面积变化与城镇人口比重变化之间呈现出倒"U"型的曲线关系。实证结论说明，进行必要的制度创新，在促进城镇化水平不断提高的同时，能够保证耕地面积的不减反增，制度创新是农地非农化向健康方向发展的保证。但是，上述发现并不能说明当前河南省的耕地安全没有受到威胁，我们仍需要警惕倒"U"型曲线关系，防止耕地面积因为城镇化水平的进一步上升而出现减少的趋势。

尽管面对着城镇化发展对耕地面积日益上升的需求，河南省近十几年来仍然保持着较为稳定的耕地面积增长速度，可见耕地保护工作成效显著①。但是为了提防耕地面积变化与城镇人口比重变化的倒"U"型曲线关系带来的耕地面积减少，河南省在今后的耕地保护中需要做到以下几点：

1. 始终坚持"最严格"的耕地保护政策

河南省的耕地面积之所以能在 1996 年后抵住城镇化的压力实现稳步增长，主要得益于对耕地转化的严格控制。非农业建设经批准占用耕地的，按照"占多少，垦多少"的原则，由占用耕地的单位负责开垦与所占用耕地的

---

① 丁同民，孟繁华. 我国农地非农化收益分配中的博弈分析［J］. 河南社会科学，2014，22（1）：71-77.

数量和质量相当的耕地,该原则能够有效调节经济发展对土地的需求以及耕地保护之间的关系。在长期发展道路上,河南省仍然需要坚持严格的耕地保护政策,防止出现不必要和无规划的农地非农化现象。时任河南省省长谢伏瞻在 2015 年《关于进一步落实最严格耕地保护制度的若干意见》中强调:要加强规划统筹和控制,从源头上严格保护耕地,严格划定和保护永久基本农田;严格落实耕地占补平衡数质并重的政策要求,确保建设占用耕地与补充耕地的数量、质量相当;严肃查处破坏耕地的行为,积极地响应了党的十八大和十八届三中、四中、五中全会精神中对耕地保护的严格要求。

2. 控制人口数量,提高人均耕地量

根据河南省第二次土地调查,河南省的耕地面积虽然稳中有升,但由于本省人口基数庞大,使得人均耕地量减少至 1.23 亩,较 1996 年的 1.33 亩有略微下降,且已经低于当期全国人均耕地 1.52 亩的水平。河南省多数城市的人口增长速度已经超过了耕地开发速度。对于河南省这个人口大省,解决人均耕地面积匮乏的根本措施之一是适量减少人口,缓解人口增长带来的土地压力①。近年来,伴随着城镇化人口迁移潮高涨,农村人口数量逐渐减少,因此减少城市人口的自然增长率,降低城市建设对耕地的消耗是提高河南省人均耕地量的有效途径。

3. 加强农地的集约利用,提高耕地生产力

河南省以占全国 6.05% 的耕地生产出全国 10.15% 的粮食,在保证本省的粮食供给外,每年还向全国调出约 400 亿斤原粮及粮食加工制品,为保障国家粮食安全做出了重要贡献。在城镇化继续深化的大背景下,除了要保证耕地安全和数量外,也要合理规划耕地使用布局②。积极地对农业生产进行技术投入,通过最新的生物科技手段提高粮食的单产水平。

---

① 李瑞华,王锐,李明秋. 河南省耕地非农化规模及时空配置研究 [J]. 湖南农业科学,2009 (6):65-68+72.
② 邓健. 重庆市耕地保护区域补偿机制研究 [D]. 西南大学硕士学位论文,2010.

第六章 农地非农化制度创新目标和政策建议

我国城镇化的发展一直以低质的农地转非农化为代价,农民在不具备对土地资本的一系列产权的情况下,对土地资产的处置、转让、收益和监督都未得到法律体系的保障,更加不可能享有稳定的保障补偿机制,从而不能实现农民的"城镇化",失地农民无法成为真正的城镇居民,即人和地不能实现同时和优质的迁移和转换,这使得失地农民长期处在"无地耕种、无岗就业"的尴尬境地,成了城市和农村边缘上的困难群体。这极大地影响了农民生活幸福和社会的健康稳定发展,对于农地非农化和城镇化的进一步推进也极为不利。综合前文所述,我国农地非农化问题不仅面临着内部的市场失灵、政府失灵等问题,还包括外部的城镇化、失地农民的补贴等问题,是当前我国经济发展过程中的一大挑战。我们希望能通过搭建一个具备整体科学性的政策建议组合,争取推进进一步的市场改革,实现在新时代的农地非农化制度创新,以进行政策调控和市场改革。

第一节 农地非农化制度创新目标

在处理农地非农化、失地农民和城镇化的问题中,我们首先应该明确制度创新追求的几个重点目标。

一、明晰的土地产权制度

土地产权制度是整个农地非农化制度创新体系的基石,一个明确的土地产权制度应该是农地非农化制度创新的首要目标。现实当中，农村集体所有产权的属性往往没有确定的法人主体，在土地资源市场的配置过程中没有明确的行为主体，普通农户无法正常参与到土地规划当中，导致事实上的土地使用性质发生变化时交易费用较高的情形。我们需要建立以地方政府、失去土地的农民、使用土地的获得者为主体的利益分配机制，农民对于土地的系列产权，包括对土地的使用权、收益权、转让权和抵押权，以及配套的针对失地农民的补偿保护机制，切实保护好农民权益。在补偿保护方面，失地农民应该获得基本的社会保障，政府应对其就业、户籍、医疗保障和子女教育等方面给予政策保障，确保农民在城镇化和农地非农化的正常转换中获得应有的福利。

现实的情形是当前的产权模式的形成有其历史、政治、经济方面的原因，要想形成类似于西方的以私有制为基础的产权体系，目前来讲不具有现实的可能性。一方面是各交易主体的利益诉求在起作用，另一方面是产权制度的改革需要其他各种经济、政治制度改革的相互配合、相互协调，因此其变革的成本要远超过土地产权制度改革本身所能带来的收益。因此，变革现有的产权制度，在农地非农化过程中形成明晰的产权制度有其现实的制约性，当然，这一目标如果能够轻易以低成本的方式得以实现，可以大大提高农地非农化的土地利用效率。

二、统一的土地市场体系

统一的土地市场体系应该能够体现农地非农化过程中各方主体的利益诉求，既要体现出效益，也要体现出公平。这方面我国已经经历了巨大的变化，如"招、拍、挂"比重的加大，"收支两条线"的深入推进，等等。这些进步可以平衡各利益主体之间的利益分配，有效提高农民参与农地非农化的热情，也大大提高了围绕农地非农化一系列制度的公信力。现实的情况是，土地市场体系不完整，政府对土地价格和供求存在着过度干预，市场并未在土地资源的配置中起到基础性作用。同时，土地作为一种特殊的生产资料，有着其不同于其他生产要素的特征，存在着较大的无法用市场价值来衡量的社会价值，这一价值是市场体系本身无法进行测量和评估的。因此，完善现有的土地市场体系，突出市场在土地资源配置中的作用，从而有效降低交易费用，是农地非农化制度创新的另一重要目标。

在中央政府的整体规划战略下，在城市扩张用地上合理运用市场机制，通过土地的价格机制加强城镇土地集约利用的效率，促进服务业、制造业和其他产业部门的发展。在实现这一目标的过程中，一方面要有效地测度土地的非市场价值，并将其低成本地融入到其当前的市场价值当中；另一方面要有效地降低打破市场割裂局面的成本，并通过产权等制度的改革和设计有效地控制好农地非农化外部性。该目标有其理论上的可行性，但面临着产权制度改革等一系列问题，而将土地的非市场价值融入到其现有的价格体系中进而成为每一个决策主体进行决策时必须考虑的因素有其现实的可行性。比如，建立围绕土地交易的信息透明机制，将交易主体的利益与土地的非市场价格进行融合，从而实现决策的理性化，同时达到控制交易的外部性问题的目的。

三、高效的土地行政体系

高效的土地行政体系至少包括农地非农化过程中监督体系的高效和最基层从业人员的行政管理体系的高效。其中高效的监督体系又包括中央政府对地方政府的监督，对政府本身的监督，对监督者机关本身的监督。事实证明，中央对地方的监督存在着现实的难度，这也是造成地方政府在农地非农化过程中出现违法违规行为的重要原因。政府作为土地资源的垄断者，行使着土地征用和垄断城市土地一级市场的职能，这些行为有其理论上的合理性，可以从宏观层面解决市场失灵的问题，但所有的垄断行为本身意味着效率的降低，意味着更强的监督是必需的。此外，监督体系的创新，需要对于监督体系本身的监督力量，这也是高效的土地行政体系所应有的。

随着政府改革的不断深入，对于农地非农化从业人员的绩效考核体系也不断地进行调整，监督和激励机制也不断地进行完善。但这并不意味着基层的行政体系就完美无缺。上级与下级之间的信任，中央和地方政府的政令的畅通等方面还需要加强。高效的行政体系应该确保农业部门长期的可持续发展，保护农田和农地资源以及农业耕种的生产效率，保护生态环境稳定。很明显，为此所增加的成本要远远小于因此而获得的收益。

四、科学的土地规划体系

科学的土地规划体系意味着土地规划透明度的提高和公众参与农地非农化积极性的提高。这就要求解决土地规划过程中信息不对称问题，每一次的土地规划行为都能够引发相关主体的兴趣，不需要政府的被动推动。就目前来讲，需要适当吸取西方国家"空间规划"的成功经验，转变以指标为判定标准的规划体系，减少在农地非农化过程中出现的"公共池塘资源"现象，出现土地资源使用拥挤或者资源退化的问题。

指标规划体系不能带来有效的信息流通，再加上改变土地产权所需要增加的高额的改革成本，导致公众可能无法保持长期的合作意愿，进而导致交易费用的提高。科学的土地规划体系需要完善土地规划管理系统，使得土地的规划、使用和管理形成整体的协调一致，在市场化背景下实现经济的持续性增长。因此，要实现我国农地非农化制度的创新，建立科学的土地规划体系也是其中不可缺少的重要组成部分，也应该是农地非农化制度创新的重要目标。

五、完善的土地法律保障体系

完善的土地法律保障体系需要一个涉及法律、行政和司法等部门相互配合、共同作用的完整的土地法律保障体系。完整的法律体系应该能够具体到每村、每户、每人的土地保障和注册体系，需要针对围绕土地所进行的违规行为的惩罚措施和惩戒机制。这样一方面可以有效保护相关农民的权益，另一方面可以有效减少土地利用过程的违规行为。同时，针对土地利用，应该具有独立的司法体系，减少行政部门对于土地利用的干扰。行政部门对于土地利用、冲突等方面的裁定权会降低执法人员的违法成本，变法治为人治，增加交易成本，降低农地非农化的效率。

从建立完善的土地法律保障体系的成本角度来看，从当前我国进行行政体制改革的力度来看，其交易费用远远要小于其收益。一个独立的处理土地利用问题的司法体系的建立也只需要合理约束政府的权力和职能边界，明确地方政府在农地非农化流转过程中的利益分配和责任界限，同时落实配套的监督机制，完善监管。但其对治理结构的改进无疑会产生重大的正向影响。

第二节　农地非农化制度创新的政策建议

根据本书前些章节的研究结果，紧扣上述几个方面的目标，依照必要、可行、低交易成本的原则，提出以下几个方面的政策建议。

一、加强资源总价值观，健全土地收益分享机制

自然资源的总价值由其直接和间接使用价值，以及非使用价值等其他价值构成。在农地资源的开发利用过程中，应该重视人们常忽略的资源的多种价值组成，开展科学的耕地资源多样化价值核算，如社会价值和生态价值，并按一定的换算比例将之纳入农地非农化开发和利用的决策过程中，从而纳入耕地资源产品的定价和利益分配当中，反映在市场价格当中，使资源总价值的观念在资源市场配置中发挥有效作用。

在农地非农化过程中，土地制度和法律框架的改变和建立速度较慢，而土地收益分享机制的建立可以使得政府、集体、失地农民、城市土地使用者较快地享受到城市化带来的成果。在具体措施上，对于公益项目的用地（如城市绿化），仍然由国家统一征用后再行划拨，但在补偿标准上可做适当的提高；对于商业项目的用地（如开发房地产），准许集体土地进入一级市场，由集体经济组织代行市场主体职责参与市场交易。政府通过征收土地交易税来纠正土地市场价格，弥补其低于社会价格的不足，减少因农地非农化带来的

社会和生态损失。此外，政府还可收取农地非农化带来的土地增值税，作为政府财政收入的一部分。集体经济组织还应留备土地和资产兴办第二、第三产业，通过发展集体经济改善失地农民的民生问题。

二、改革土地产权制度，完善征地补偿办法

中国的土地制度框架长期处于二元分割状态，在改革之初必须首先修正和改革土地产权制度。农民现有的对于土地权利的行使十分有限，使得农民在通过行使土地权利获取土地收益的过程中受到限制。农民现有的土地使用权仅有30年的年限，在这基础上应该增享依法转让、抵押和出租的权利，允许农民通过市场与城市的土地使用者交易，允许其直接参与决策过程和利益分配过程，在有序的市场规则和法律保证下激励城市和农村地区更加有效地利用土地，从而提高城镇化的总体社会福利。

当前的法规和行政办法中，关于土地征用的补偿标准存在较多的不合理和不适用之处。应该逐步调整国家征地的价格补偿政策，根据"谁受益、谁付费"原则，接收非农化土地的使用受益者应该向耕地资源的出让者支付交易和补偿价格。尤其要杜绝有地方政府或者其他社会组织以"公共利益"或是其他名目获得较低交易和补偿价格的农地资源，损害土地所有者的利益。低征地价不仅会损害被征农民的权益，而且会扭曲正常的市场机制，加速扩张农地非农化的需求，使农地所有者对于土地收益的预期下降，不利于农地资源的集约利用和保护。

在长期的改革进程中，补偿标准应该以市场真实反映出的土地价格为基准。由于城乡土地市场的发育和完善需要较长的时间，在此前的补偿标准可以参考集体建设用地的市场价格作为补偿的基准。与此同时，政府在实施征地补偿时务必做到公平公正，应将被征地者的经济状况等同于被征地之前作为补偿目标。在补偿标准上也不应受被征地的用途影响，不管征地用于何种用途，在同一土地的征用补偿上都应该执行相同的标准。在具体的补偿方式上，除了传统的现金补偿，还可以在农民接受的基础上尝试土地资本入股、

定期按股分红的补偿模式。补偿办法的完善应将所有的细则列入法律法规中，保证没有农民被迫接受某种补偿方式，保证农民可获得的最低补偿比例，通过行之有效的措施保证补偿款项按时、足额发放到失地农民的手中，并按照法律规定惩处擅自截留或者延迟发放款项的集体或单位。在制订具体的征地方案的时候，应该保证农民享有参与谈判土地交易价格以及土地收益分享的听证和决策的权利，也应该享有维权和诉讼的权利。

三、规范政府行为，严格管控征地后的投资开发

在农地非农化的系列改革中，政府应该率先严格限制其行为，主要是限制政府的强制征地范围和非农化的土地用途。通过修缮法律，对用于社会基础设施和公共利益的土地进行详细规定，使公共利益与个人利益的划分边界明确和清晰，从而有效限制政府在土地供应、转化各个过程中的决定行为。对于允许通过市场规则转化的土地只采取合法的监管行为，允许农民在符合法规的用地规划上采取较为直接的准市场化交易以及直接参与利益分配。

由于征地过程中的政策辅助，征地价格往往低于一级土地市场的交易价格。为了维护土地市场的稳定和相关主体利益，应该对征地后的投资开发予以严格管控，规定城市土地使用者在完成相应的投入后才能转让土地，尤其要避免开发方在低价收获耕地资源后进行炒买。换言之，要将耕地资源的实际价值有效反映在资源配置阶段，使各方公平获益。

四、合理规划土地利用，加强农地保护

在法律地位上确立土地利用整体性规划的重要性，严格管制土地用途，确定城市边缘的增长界线，对规划实施"硬约束"。统筹安排各个行业的用地，提升规划的科学合理性，纳入容积率和人均用地面积等约束性指标，促使土地规划从平面转向立体，使总体规划在土地利用中发挥整体控制和权威规范的作用，从而成为统筹城乡建设和发展的纲领性文件。对于与土地利用相关的各类规划，尤其是重大基础设施、基础产业的各类发展规划，需要加

强统筹，规避重复建设，严格避免出现项目先于规划的情况。在落实节约资源、保护环境这两项基本国策的同时，妥善解决保护资源和保障发展的关系。

在经历了农地非农化初期的粗放型扩张后，农地保护的重要性逐渐显现。我国政府始终把粮食安全和生态保护作为政策重点之一，在城镇化的不同时期也一直采取各种措施来加强农田的保护。通过制定科学合理的耕地规模化经营策略，调整种植结构，拓宽耕地资源的农业获利可能性，能从基础上增强在农地非农化资源配置中的比较利益优势，增强农民的谈判地位。在新增建设用地时加强配置的科学性，推动存量建设用地的有效流转，促进土地的集约利用。在评价体系中纳入容积率、单位面积可容纳的劳动力、投资强度和产出效益等指标，为科学配置土地资源提升科学性。在充分考虑各行业用地的结构、特点等客观情况后，制定相应用地定额，使之同时满足功能和安全的要求标准。

但农地保护的实际效果最终还是受到城市扩张速度和政府财政对于征地依赖程度的双重影响。因此加强农地保护的重要举措之一就是切实有效地制约地方政府行为以及在征地过程中形成的财政激励等。在法律中对政府的强制征用土地范围采取严格限制，使政府在土地一级市场中不再占据垄断地位，使商业性用地的交易价格经由"准市场机制"决定。此外，政府应该加强监管，以市场价值为基础征收财产税，弥补财政收入在土地交易上的减损。在这样的制度安排之下，农地保护效果将随着土地市场价格机制的完善而提高，也将促进城市地区加强集约用地，提高城市的土地利用率，提高城镇化质量。

五、提高工业化水平，推动城镇化高质量发展

城镇化的高质量发展必然以第二、第三产业的优质发展为基础和依托，各地在发展城镇经济的过程中，必须建立和打造优势企业集群，以工业企业的发展带动城镇化和城镇经济的发展。

在城镇化中产业快速发展之时，能够为失地农民提供更多的持续就业岗位机会，能够为农地非农化带来实质的进步和效率质量的提升。在各地城镇

化发展中应该避免产业培育的趋同,从而造成资源的低效使用和无效浪费,国家和地方政府应该提前制定区域产业规划,有效监控城镇化中的产业培育。同时,政府还可以通过建立有效的就业培训机制,为失地农民提供职业技术和岗位技能培训,加强失地农民就岗就业能力,使失地农民在再就业过程中成为城市产业工人。政府通过适当的税收优惠政策激励企业吸收失地农民,在城镇化过程中稳固劳资关系,切实提高失地农民生活水平,从而维护农民权益,保持社会稳定。

参考文献

[1] Bussiere M., Schnatz B. Evaluating China's integration in world trade with a gravity model based benchmark [J]. Open Economics Reviews, 2005 (1).

[2] Canova F. The transmission of US shocks to Latin America [J]. Journal of Applied Economics, 2005 (2).

[3] Cheng J. Y. S. Latin America in China's contemporary foreign policy [J]. Journal of Contemporary Asia, 2006 (4).

[4] Chow G. C. Capital formation and economic growth in China [J]. Quarterly Journal of Economics, 1993 (3).

[5] Coatsworth J. H. Structures, endowments, and institutions in the economic history of Latin America [J/OL]. Latin American Research Review, 2005.

[6] Cheng J. Y. S. Latin America in China's contemporary foreign policy [J]. Journal of Contemporary Asia, 2006 (4).

[7] Chow G. C. Capital formation and economic growth in China [J]. Quarterly Journal of Economics, 1993 (3).

[8] Dehua Mao, Ling Luo, Zongming Wang, Maxwell C. Wilson, Yuan Zeng, Bingfang Wu, Jianguo Wu. Conversions between natural wetlands and farmland in China: A multiscale geospatial analysis [J]. Science of the Total Environment, 2018, 634 (9).

[9] Dussel P. E. Economic opportunities and challenges posed by China for Mexico and central America [R]. Berlin: German Development Institute, 2005.

[10] Dussel P. E. The implications of China's entry into the WTO for Mexico

[C]. Berlin: HBF, 2005.

[11] Edwards S. Crisis and growth: A Latin American perspective [J]. National Bureau of Economic Research, 2007 (4).

[12] Ellis R. E. China in Latin America—The Whats and Wherefores [M]. Colorado: Lynne Rienner Publication, 2009.

[13] Elwell C. K. Labonte M. Is China a threat to the U. S. Economy [R]. Washington DC: CRS Report, 2007.

[14] Feng Qiu, Larry Laliberté, Brent Swallow, Scott Jeffrey. Impacts of fragmentation and neighbor influences on farmland conversion: A case study of the Edmonton-Calgary Corridor, Canada [J]. Land Use Policy, 2015 (11).

[15] Ferranti D., et al. Inequality in Latin America and the caribbean: breaking with history [R]. Washington, DC: World Bank, 2003.

[16] Fleury A., Fleury M. China and Brazil in the global economy [R]. London: IDS Bulletin, 2006.

[17] Heidi Vinge. Farmland conversion to fight climate change? Resource hierarchies, discursive power and ulterior motives in land use politics [J]. Journal of Rural Studies, 2018 (64).

[18] Iga Solecka, Marta Sylla, Małgorzata Swiader. Urban sprawl impact on farmland conversion in suburban area of wroclaw, Poland [J]. IOP Conference Series: Materials Science and Engineering, 2017, 245 (7).

[19] Jianzhong Cheng, Xinqing Lee, Yuan Tang, Wenjie Pan, Weichang Gao, Yi Chen, Bing Wang, Hongguang Cheng. Changes in above- and below-ground nitrogen stocks and allocations following the conversion of farmland to forest in rocky desertification regions [J]. Agriculture, Ecosystems and Environment, 2016 (9).

[20] Kristine Lien Skog, Margrete Steinnes. How do centrality, population growth and urban sprawl impact farmland conversion in Norway? [J]. Land Use Pol-

icy, 2016 (12).

[21] Man Li. The effect of land use regulations on farmland protection and non-agricultural land conversions in China [J]. Australian Journal of Agricultural and Resource Economics, 2019, 63 (3).

[22] Peng, Bai. Welfare effects of rural-urban land conversion on different aged land-lost farmers: exemplified in Wuhan city [J]. Chinese Journal of Population Resources and Environment, 2016, 14 (1).

[23] Qirui Li, Zhen Liu, Peter Zander, Till Hermanns, Jijun Wang. Does farmland conversion improve or impair household livelihood in smallholder agriculture system? A case study of Grain for Green project impacts in China's Loess Plateau [J]. World Development Perspectives, 2016 (6).

[24] Serge-Pacôme A. Y. Kassi, Armand W. Koné, Jérôme E. Tondoh, Bernard Y. Koffi. Chromoleana odorata fallow-cropping cycles maintain soil carbon stocks and yam yields 40 years after conversion of native- to farmland, implications for forest conservation [J]. Agriculture, Ecosystems and Environment, 2017 (9).

[25] Yao Xiao, Xiao zhong Wu, Li Wang, Jing Liang. Optimal farmland conversion in China under double restraints of economic growth and resource protection [J]. Journal of Cleaner Production, 2016.

[26] Zhigang Chen, Qing Wang, Yi Chen, Xianjin Huang. Is illegal farmland conversion ineffective in China? Study on the impact of illegal farmland conversion on economic growth [J]. Habitat International, 2015 (10).

[27] Zhigang Chen, Xin Zhang, Xianjin Huang, Yi Chen. Influence of government leaders' localization on farmland conversion in Chinese cities: A "sense of place" perspective [J]. Cities, 2019 (90).

[28] 卜婷婷. 基于非市场价值的农地非农化配置与调控机制研究 [D]. 南京农业大学硕士学位论文, 2012.

[29] 蔡瑞林. 农业转移人口市民化进程中农地非农化增值收益分配研究

[D]. 南京航空航天大学博士学位论文, 2016.

[30] 蔡瑞林, 唐焱. 农业转移人口市民化与农地非农化的协同度分析 [J]. 江苏农业科学, 2017, 45 (21): 337-341.

[31] 蔡瑞林, 庄国波. 促进可持续市民化的农地非农化增值收益分配政策优化 [J]. 财会月刊, 2017 (21): 124-128.

[32] 蔡瑞林, 庄国波, 唐焱. 农地非农化增值收益分配政策的优化 [J]. 西北农林科技大学学报 (社会科学版), 2017, 17 (2): 33-41.

[33] 曹飞. 农地非农化增值收益分配分析 [J]. 广东商学院学报, 2013, 28 (3): 79.

[34] 曹云清, 尹超平. 农地非农化进程中的失地农民权益保障分析 [J]. 北京劳动保障职业学院学报, 2018, 12 (3): 8-11.

[35] 陈伯庚. 土地市场法律体系建设探索 [J]. 上海农村经济, 2005 (1): 6.

[36] 陈江龙, 曲福田, 陈雯. 农地非农化效率的空间差异及其对土地利用政策调整的启示 [J]. 管理世界, 2004 (8): 37.

[37] 陈江龙. 农地非农化经济驱动机制的理论分析与实证研究 [A]. 中国地理学会、中山大学、中国科学院地理科学与资源研究所. 中国地理学会2004年学术年会暨海峡两岸地理学术研讨会论文摘要集 [C]. 中国地理学会、中山大学、中国科学院地理科学与资源研究所, 2004: 1.

[38] 陈娟. 陕西省农地非农化生态风险评估研究 [D]. 西北农林科技大学硕士学位论文, 2013.

[39] 陈兴雷. 城市扩展过程中的农地非农化: 代价性消耗与过度性消耗 [D]. 南京农业大学博士学位论文, 2011.

[40] 陈昱, 陈银蓉, 马文博. 基于耕地保护外部性分析的区域补偿机制研究 [J]. 国土资源科技管理, 2009, 26 (2): 1.

[41] 陈喆. 福建省农地非农化增值收益分配研究 [D]. 福建农林大学硕士学位论文, 2014.

[42] 崔福生. 我国城市化进程中农地非农化问题研究 [D]. 辽宁大学硕士学位论文, 2010.

[43] 崔凯, 冯献. 城镇化进程中农地非农化的市场作用与价格区间变动研究 [J]. 中国土地科学, 2016, 30 (10): 55.

[44] 崔凯. 城镇化进程中农地非农化与土地市场化的作用关系研究 [D]. 中国农业科学院博士学位论文, 2016.

[45] 崔向前. 科学推进城镇化背景下的河南省土地制度改革研究 [J]. 决策探索 (下半月), 2015 (4): 56.

[46] 邓健. 重庆市耕地保护区域补偿机制研究 [D]. 西南大学硕士学位论文, 2010.

[47] 丁同民, 孟繁华. 我国农地非农化收益分配中的博弈分析 [J]. 河南社会科学, 2014, 22 (1): 71.

[48] 丁同民. 健全我国农村土地征用法制路径初探 [J]. 河南大学学报 (社会科学版), 2010, 50 (3): 66.

[49] 戴媛媛, 王建华. 农地非农化进程中的土地财产权利与效率损失——基于生产要素的视角 [J]. 湖北农业科学, 2016, 55 (13): 3516-3519.

[50] 董德坤, 朱道林, 王霞. 农地非农化的外部性分析 [J]. 经济问题, 2004 (4): 55.

[51] 董艳丽. 城镇化过程中农地非农化的问题及制度创新研究 [J]. 现代商贸工业, 2017 (31): 19.

[52] 范怀超, 白俊. 农地非农化中利益主体博弈行为逻辑分析——以失地农民与地方政府为例 [J]. 海南大学学报 (人文社会科学版), 2016, 34 (1): 30.

[53] 冯国强. 浅议新型城镇化与中国经济发展的关系 [J]. 农村·农业·农民 (B版), 2015 (5): 40.

[54] 付寿康, 张东祥. 集体农用地及其非农化的外部性分析 [J]. 生态经济评论, 2017 (6): 15-26.

［55］盖凯程，于平. 农地非农化制度的变迁逻辑：从征地到集体经营性建设用地入市［J］. 农业经济问题，2017，38（3）：15-22.

［56］龚志文，刘太刚. 我国房地产业对土壤的环境影响及对策［J］. 环境与可持续发展，2015，40（3）：101.

［57］顾欣. 我国农地非农化进程的微观驱动机理研究［J］. 南通大学学报（社会科学版），2015，31（3）：140.

［58］郭珍. 中国耕地保护制度：实施绩效评价、实施偏差与优化路径［J］. 郑州大学学报（哲学社会科学版），2017，50（1）：64.

［59］韩玉婷，王桂波，李世平. 关中地区非农化过程中农地资源损失研究［J］. 干旱区资源与环境，2012，26（3）：30.

［60］何俊烨. 我国农地非农化增值收益分配中的政府行为研究［D］. 西南交通大学硕士学位论文，2014.

［61］何雪琳. 城市化背景下的美国农地保护［J］. 沿海企业与科技，2016（6）：37.

［62］胡伟艳. 城乡转型与农地非农化的互动关系［D］. 华中农业大学博士学位论文，2009.

［63］胡振华，杨国新. 农地非农化与城市化相关性实证分析——以浙江省湖州市为例［J］. 开发研究，2016（5）：24-29.

［64］黄大全，郑伟元. 海外城市化与耕地保护对中国的启示［J］. 中国土地科学，2005（3）：38.

［65］嘉兴市人民政府. 试行"两分两换"——嘉兴市农村土地使用制度改革情况汇报［J］. 嘉兴土地，2009（4）.

［66］简新华，张国胜. 日本工业化、城市化进程中的"农地非农化"［J］. 中国人口·资源与环境，2006（6）：95.

［67］姜和忠，徐卫星. 农地非农化配置中的收益分配问题：基于可持续发展理论的公平原则［J］. 中国土地科学，2011，25（6）：65.

［68］金晶，曲福田. 中国农地非农化政策调控：理论分析框架的改良设

计[J].中国人口·资源与环境,2010,20(11):96.

[69] 李大威.城镇化进程中农地非农化机制与制度创新研究[D].郑州大学硕士学位论文,2013.

[70] 李竟涵.打一场坚守"农地姓农"底线的硬仗[N].农民日报,2018-10-26(001).

[71] 李伶俐,王定祥.论农地适度非农化机制与制度创新——基于中国城镇化中农地过度非农化的现实背景[J].中国农村观察,2009(5):11.

[72] 李隆伟,郭沛.中国土地市场化水平及其影响因素研究——基于2006~2011年全国31个省(市)面板数据的证据[J].北京理工大学学报(社会科学版),2015,17(4):73.

[73] 李锐杰.城镇化进程中"城市病"的解决对策[J].经济纵横,2014(10):16.

[74] 李锐杰.西部地区农民专业合作社规模经济与范围经济实证分析——基于新疆合作社调研数据[J].广东农业科学,2014,41(24):225.

[75] 李瑞华,王锐,李明秋.河南省耕地非农化规模及时空配置研究[J].湖南农业科学,2009(6):65.

[76] 李小璇.农地非农化进程中农地征用收益分配探析[J].福建商业高等专科学校学报,2013(1):72.

[77] 李永乐,吴群.经济增长与耕地非农化的Kuznets曲线验证——来自中国省际面板数据的证据[J].资源科学,2008(5):667.

[78] 李永乐,吴群.土地市场发育与农地非农化——基于省际面板数据的估计与测算[J].中国土地科学,2009,23(11):45.

[79] 梁流涛,李俊岭,陈常优,李小光,张米莎.农地非农化中土地增值收益及合理分配比例测算:理论方法与实证——基于土地发展权和要素贡献理论的视角[J].干旱区资源与环境,2018,32(3):44.

[80] 林卿,王荧.基于农地非农化过程中的土地资源优化配置理论分析[J].福建农林大学学报(哲学社会科学版),2012,15(6):35.

[81] 林卿. 我国农地制度演变与农民土地权益 [J]. 福建农林大学学报（哲学社会科学版），2016，19（5）：1.

[82] 刘伯恩，吕宾，阎国芹. 对守住18亿亩耕地红线的思考 [J]. 国土资源，2009（6）：30.

[83] 刘畅. 我国土地征收问题及改革方向探索 [J]. 安徽农业科学，2016，44（15）：200-201+233.

[84] 刘冬泳. 我国城镇化过程中农地非农化的制度变迁 [J]. 商业时代，2014（12）：52.

[85] 刘力，邱道持，曹蕾，粟辉. 基于燃烧理论的农地非农化研究 [J]. 西南师范大学学报（自然科学版），2005（1）：176.

[86] 刘玲，王慧. 我国农地非农化监管存在的问题与对策 [J]. 重庆社会科学，2007（12）：13.

[87] 刘勇智. 中国农地非农化流转中的政府过程研究 [D]. 郑州大学硕士学位论文，2005.

[88] 马克林. 经济新常态下河南省土地财政成因分析 [J]. 洛阳师范学院学报，2017，36（5）：69-73.

[89] 马睿. 西宁市城乡结合部农地非农化农户感知对非农意愿的影响 [D]. 中国地质大学（北京）硕士学位论文，2017.

[90] 马文博. 利益平衡视角下耕地保护经济补偿机制研究 [D]. 西北农林科技大学博士学位论文，2012.

[91] 毛良祥. 耕地保护补偿标准与补偿基金规模研究 [D]. 中国地质大学（北京）博士学位论文，2013.

[92] 孟宏斌. 新型城镇化、非农化征地与农地增值收益权保护 [J]. 社会科学辑刊，2014（4）：55.

[93] 牛海鹏，王文龙，张安录. 基于CVM的耕地保护外部性估算与检验 [J]. 中国生态农业学报，2014，22（12）：1498.

[94] 牛海鹏，张安录. 耕地保护的外部性及其测算——以河南省焦作市

为例［J］.资源科学，2009，31（8）：1400.

［95］牛海鹏，张安录.耕地利用效益体系重构及其外部性分析［J］.中国土地科学，2009，23（9）：25.

［96］牛海鹏，张杰，张安录.耕地保护经济补偿的基本问题分析及其政策路径［J］.资源科学，2014，36（3）：427.

［97］牛海鹏.耕地保护的外部性及其经济补偿研究［D］.华中农业大学博士学位论文，2010.

［98］钱忠好，牟燕.征地制度、土地财政与中国土地市场化改革［J］.农业经济问题，2015，36（8）：8.

［99］钱忠好，牟燕.中国农地非农化市场化改革为何举步维艰——基于地方政府土地财政依赖视角的分析［J］.农业技术经济，2017（1）：18.

［100］钱忠好，牟燕.中国土地市场化改革：制度变迁及其特征分析［J］.农业经济问题，2013，34（5）：20.

［101］曲福田，陈江龙，陈雯.农地非农化经济驱动机制的理论分析与实证研究［J］.自然资源学报，2005（2）：231.

［102］曲福田，冯淑怡，诸培新，陈志刚.制度安排、价格机制与农地非农化研究［J］.经济学（季刊），2004（4）：229.

［103］任平，吴涛，周介铭.基于耕地保护价值空间特征的非农化区域补偿方法［J］.农业工程学报，2014，30（20）：277.

［104］任旭峰.中国耕地资源保护的政治经济学分析［D］.山东大学博士学位论文，2012.

［105］邵建英，陈美球.耕地保护的外部性分析［J］.广东土地科学，2006（3）：44.

［106］石强.吉林省农地非农化进程中土地增值收益分配机制研究［D］.吉林农业大学硕士学位论文，2017.

［107］石志恒.农户耕地保护行为研究——以新疆地区为例［D］.西北农林科技大学博士学位论文，2012.

[108] 孙丽姗. 新型城镇化发展评价体系构建及实证分析 [J]. 商业时代, 2014 (6): 57.

[109] 孙长忠. 新农村建设进程中土地非农化问题研究 [J]. 经济经纬, 2008 (3): 103.

[110] 谭丹, 黄贤金, 陈志刚, 王仕菊, 胡初枝. 中国土地市场化程度及其影响因素分析 [J]. 城市问题, 2008 (1): 14.

[111] 谭荣, 曲福田. 农地非农化代际配置与农地资源损失 [J]. 中国人口·资源与环境, 2007 (3): 28.

[112] 谭荣, 曲福田. 农地非农化的空间配置效率与农地损失 [J]. 中国软科学, 2006 (5): 49.

[113] 谭荣, 曲福田. 现阶段农地非农化配置方式效率损失及农地过度性损失 [J]. 中国土地科学, 2006 (3): 3.

[114] 谭荣, 曲福田. 中国农地非农化与农地资源保护: 从两难到双赢 [J]. 管理世界, 2006 (12): 50.

[115] 谭荣. 农地非农化的效率: 资源配置、治理结构与制度环境 [D]. 南京农业大学博士学位论文, 2008.

[116] 田传浩, 尹晓红, 李明坤. 三大期刊中土地问题研究述评 [J]. 中国房地产, 2016 (18): 65-80.

[117] 童建军. 我国土地收益分配机制研究——以农地非农化为例 [D]. 南京农业大学硕士学位论文, 2003.

[118] 汪险生, 郭忠兴. 基于DEA方法的农地非农化效率研究 [J]. 自然资源学报, 2014, 29 (6): 944.

[119] 王碧峰. 我国农地非农化问题讨论综述 [J]. 经济理论与经济管理, 2007 (6): 76.

[120] 王成艳, 孙占文, 王庆琨, 孔玲. 市场化: 农地非农化制度改革的必然选择 [J]. 调研世界, 2006 (6): 12.

[121] 王迪, 聂锐, 王胜洲. 耕地保护外部性及其经济补偿研究进展

[J]. 中国人口·资源与环境, 2012, 22 (10): 131.

[122] 王定祥, 李伶俐. 城镇化、农地非农化与失地农民利益保护研究——一个整体性视角与政策组合 [J]. 中国软科学, 2006 (10): 20.

[123] 王关提. 基于农地非农化成本效益分析的增量建设用地指标分配研究 [D]. 华中农业大学硕士学位论文, 2017.

[124] 王家庭, 陈天烨, 冯树. 改革视角下中国新型城镇化红利及其释放路径 [J]. 区域经济评论, 2015 (3): 149.

[125] 王莉丽. 河南省农地非农化过程中的农民利益保护 [J]. 绿色科技, 2011 (7): 204.

[126] 王玲. 城市化与农地非农化关系研究 [D]. 华中农业大学硕士学位论文, 2007.

[127] 王敏. 我国农地非法非农化问题研究 [D]. 曲阜师范大学硕士学位论文, 2008.

[128] 王彦玲. 工业化国家处理农地非农化问题的启示 [J]. 边疆经济与文化, 2008 (3): 61.

[129] 王荧. 我国农地非农化配置效率研究 [D]. 福建师范大学博士学位论文, 2011.

[130] 王永苏. 推进河南农业规模化经营的思考 [J]. 中国国情国力, 2015 (6): 39.

[131] 王振宇. 耕地破坏程度鉴定思考 [J]. 中国土地, 2015 (5): 30.

[132] 吴晓忠, 倪志良. 经济增长、农地资源保护与农地非农化最优规模 [J]. 上海财经大学学报, 2015, 17 (1): 52.

[133] 夏炎, 郭春华. 农地非农化问题研究述评 [J]. 资源开发与市场, 2007 (9): 828.

[134] 夏炎. 农地非农化过程中的地方政府行为研究 [D]. 南京农业大学硕士学位论文, 2008.

[135] 肖尧, 吴晓忠. 可持续增长约束与我国农地非农化的效率——基

于 1997—2013 年省区面板数据的测度 [J]. 河北经贸大学学报, 2017, 38 (1): 64.

[136] 谢昕昕. 基于粮食安全的耕地保护利益补偿模式研究 [D]. 西北农林科技大学硕士学位论文, 2013.

[137] 徐丽杰. 中国城市化对碳排放的影响关系研究 [J]. 宏观经济研究, 2014 (6): 63.

[138] 许德林, 欧名豪, 肖霖. 1997—2008 年青岛市农地非农化过程与效果实证研究 [J]. 中国土地科学, 2010, 24 (1): 9.

[139] 许德林. 农地非农化调控的市场机制与政府管制研究 [D]. 南京农业大学博士学位论文, 2011.

[140] 许恒周, 郭玉燕. 市场失灵与农地非农化配置中农地价值损失 [J]. 西安电子科技大学学报(社会科学版), 2010, 20 (3): 51.

[141] 许恒周. 市场失灵与农地非农化过度性损失研究 [D]. 南京农业大学硕士学位论文, 2008.

[142] 杨宝林. 农地非农化流转中土地收益分配机制研究 [D]. 哈尔滨工业大学硕士学位论文, 2007.

[143] 杨鞭泽. 农地非农化过程中土地增值收益分配的公平性判断 [D]. 华中科技大学硕士学位论文, 2018.

[144] 杨志荣, 吴次芳, 刘勇. 中国东、中、西部地区农地非农化进程的影响因素 [J]. 经济地理, 2008 (2): 286.

[145] 袁方成, 康红军. 新型城镇化进程中的"人—地"失衡及其突破 [J]. 国家行政学院学报, 2016 (4): 47-52.

[146] 苑莉. 农地产权转移中的代际配置损失测度——以四川省乐至县为例 [J]. 中国农业资源与区划, 2012, 33 (3): 33.

[147] 臧俊梅, 王万茂, 陈茵茵. 农地非农化中土地增值分配与失地农民权益保障研究——基于农地发展权视角的分析 [J]. 农业经济问题, 2008 (2): 80.

[148] 臧玲. 江苏省农地非农化区域比较研究 [D]. 南京农业大学硕士学位论文, 2004.

[149] 张包平. 城镇化: 有利于守住18亿亩耕地红线 [J]. 宏观经济管理, 2011 (11): 24.

[150] 张飞. 中国农地非农化中政府行为研究 [D]. 南京农业大学博士学位论文, 2006.

[151] 张宏斌, 贾生华. 土地非农化调控机制分析 [J]. 经济研究, 2001 (12): 50.

[152] 张建, 汪应宏, 毛璐, 胡贵. 人口迁移、农地非农化与我国农地制度变迁 [J]. 农村经济, 2008 (1): 21.

[153] 张健. 农村土地流转的资源经济学分析 [J]. 商业经济研究, 2015 (15): 103.

[154] 张建军, 李雅楠. 农地非农化中土地增值收益分配影响因素研究——基于解释结构模型 [J]. 中国房地产, 2019 (15): 10-17.

[155] 张秋爱. 我国土地市场化程度考察 [J]. 合作经济与科技, 2008 (5): 14.

[156] 张雄, 张安录. 农地非农化宏观配置效率及效率改进策略研究 [J]. 广东土地科学, 2017, 16 (1): 20-26.

[157] 张天尧. 关于中原经济区开展"人地挂钩"政策试点的思考与建议 [J]. 中国科技信息, 2012 (4): 137.

[158] 张志泽, 王丽. 农地非农化过程中的社会风险问题研究 [J]. 行政与法, 2011 (9): 55.

[159] 赵俊超. 推进城镇化, 土地到底够不够? [J]. 中国经济周刊, 2015 (18): 80.

[160] 郑斌斌. 财政支持耕地保护补偿机制建设实践与政策探讨 [J]. 当代农村财经, 2015 (5): 27.

[161] 郑渊. 山西省农地非农化与经济增长互动关系研究 [D]. 山西农

业大学硕士学位论文，2017.

[162] 中国社会科学院农村发展研究所"农村集体产权制度改革研究"课题组，张晓山. 关于农村集体产权制度改革的几个理论与政策问题 [J]. 中国农村经济，2015（2）：4.

[163] 周京奎，王岳龙. 大中城市周边农地非农化进程驱动机制分析——基于中国 130 个城市面板数据的检验 [J]. 经济评论，2010（2）：24.

[164] 周立群，张红星. 农地适度非农化：寻求合理的实现机制 [J]. 学术月刊，2011，43（2）：78.

[165] 朱春奎. 专栏导语：土地政策：公共政策研究亟待加强的领域 [J]. 公共行政评论，2017，10（2）：1-5.

[166] 朱凤凯，张凤荣，李乐. 农地非农化视角下地票交易供给侧的激励机制及空间效应研究 [J]. 中国土地科学，2016，30（10）：11-19.

[167] 朱新华，曲福田. 不同粮食分区间的耕地保护外部性补偿机制研究 [J]. 中国人口·资源与环境，2008（5）：148.

[168] 朱新华，曲福田. 基于粮食安全的耕地保护外部性补偿途径与机制设计 [J]. 南京农业大学学报（社会科学版），2007（4）：1.

[169] 诸培新，曲福田. 耕地资源非农化配置的经济学分析 [J]. 中国土地科学，2002（5）：14.

后 记

关注"三农"问题已久,总想写些关于农业、农村和农民的东西出来。经过长达三年的积累,以自己申报、主持和参与的课题为基础,以平时长期的访谈、调研为素材,以自己在读书期间所掌握的研究方法为支撑,以其他专家学者在本领域的研究成果为指导,形成了这本著作。

《管子·水地》中说:"地者,万物之本原,诸生之根菀也,美恶、贤不肖、愚俊之所生也。"土地是生命之根,孕育万物,土地是生活之本,养育众生,土地是万物之源,繁衍生息。同时,土地也是农民生存之根,经济发展之本。在工业化和城镇化的进程中,正确协调城市与农村、政府与农民、农村经济与国民经济之间的关系是政府和学界共同关注的课题。

本书的资料和数据的来源主要分为直接来源和间接来源。直接来源主要是笔者前往四川、贵州、浙江、江苏和河南等地对基层有地的农民和地方政府的访谈和调研。间接来源主要借助于互联网和学校图书馆,通过收集和整理来自世界银行世界发展指标数据库、Google 学术、中国知网等数据资料。两种渠道所采集的数据和资料来源都比较权威、可靠,基本上可以满足研究的需要,最新数据更新到 2017 年的年度数据,保证研究具有一定的科学性和时效性。

通过对本书各个内容板块的深入研究,取得了一定的创新性成果。比如,通过对国外发达国家城镇化过程中处理农地非农化的经验和教训,以及详细分析我国农地非农化制度变迁及其存在的问题与原因,基于城乡土地使用权权能一致性原理搭建了市场制度创新框架、有形市场体系创新和宏观调控制度创新三维立体式中国农地非农化制度创新体系,并结合中国实际,提出了城镇化过程中农地非农化制度创新的"五个目标"以及围绕这些目标提出的五个政策建议和创新措施。

本书的突出贡献主要体现在以下三个方面。首先是运用新的方法论。从市场经济发展规律角度出发，运用制度经济学和现代市场理论建立城乡统一的农地非农化市场理论分析框架，打破学术界不同程度存在的关于城乡土地市场问题研究的"两张皮"思维定式。其次是大胆进行理论创新。明确提出和系统论证中国农地非农化市场理论，其核心是我国城乡土地使用权权能一致性原理，为中国特色农地非农化市场制度创新奠定了强有力的理论基础，这是结合中国国情进行的有益的自主理论创新。最后是提出制度创新体系。通过打破国家行政征地垄断、农地直接合法合规入市的发展路径，构建出城乡统一的农地非农化市场制度创新框架及其完整的市场体系、完善的农地非农化市场宏观调控制度、社会系统性的政府职能转变等配套改革措施与政策建议组合，经过实证和实践检验成熟了的用地制度并加以固化，这样就会从制度上保证更好发挥市场机制在农地资源非农化配置中的基础性作用，保障与实现农民的土地财产权益。

经过深入研究，本书形成基本观点如下：第一，美国、日本和韩国处理城镇化过程中农地非农化问题的做法值得我国借鉴。比如，日本利用"圈层模式"集约化地利用有限的土地资源；美国的价值评估方法（UVA）和优惠不动产税评估法（PA）借助于数学模型评估土地转型后的得失。美国、韩国将农地分区或者分类并制定不同的制度进行区别管理；建立完备的、能够动态更新的土地法律保护体系等。第二，当前我国城镇化进程依然不断加快，土地要素不断流向城市，但由于各种条件限制，安置政策无法全部到位，因征地释放出的劳动力，城乡二元结构问题愈发突出，城乡差距不断扩大，影响了经济的持续高效发展和社会的安全稳定。其原因主要有政府权力行使失当；立法滞后，监管力度不够，土地征收和补偿条文上的法律支持仍不够全面；集体土地产权模糊，界限不明；不合理的土地城镇化模式有违市场经济发展趋势等。第三，我国农地非农化的制度创新应该从市场制度创新框架、有形市场体系创新和宏观调控制度创新等方面着手，建立三维立体式制度创新体系，逐步确立完备的市场规则，最终建立一个在政府有效管制下、城乡统一的、具备良好竞争环境的土地

后记

市场结构和创新框架。构建能够根据社会经济发展需要动态更新的土地资源非农化配置体系、价格管理体系、收益分配体系、市场法律体系和中介服务体系等一系列全方位、多联动的农地非农化流转有形市场体系。理应始终坚持发展、保护与协调并重，据此来构建我国农地非农化的宏观调控制度，以实现保持社会经济高速发展的同时完成农地非农化的优化配置。第四，实证研究发现，城镇人口的增加，第二、第三产业的发展以及城市建设用地面积的增加并不一定导致耕地面积的显著减少，有时反而对耕地面积有一定的乘数作用。比如，河南省城镇人口比重在 19.35%~32.15% 变动时，随着城镇化水平的提高，耕地面积反而增加，耕地面积变化与城镇人口比重变化之间呈现出倒"U"型的曲线关系。第五，实现三维立体式的农地非农化制度创新体系，需要从以下几个方面采取措施：加强资源总价值观，健全土地收益分享机制；改革土地产权制度，完善征地补偿办法；规范政府行为，严格管控征地后的投资开发；合理规划土地利用，加强农地保护；提高工业化水平，推动城镇化高质量发展。

当然，基于笔者水平及客观条件所限，本书也存在一些不足和欠缺，至少存在以下需要继续深入研究的问题。

其一，对于农地非农化的制度创新问题是较为复杂的系统研究，涉及社会各个利益主体，在本书的研究基础上，还应进一步对非农化涉及不同类型市场进行细化分析，通过多重均衡模型考察不同市场的均衡关系。其二，关于面板序列数据本身可能存在的波动性问题，尽管本书中也通过处理尽量缩小内生性误差，但由于数据自身的属性特点，选取时间和地区等差异可能会对结构造成影响，需要通过更大范围的面板数据以实现更好的模型处理。其三，本书涉及政策调控方面还不够深入，未能从农地非农化一系列政策上提取变量进行实证研究。

在本书的出版过程当中，得到了河南财经政法大学国际经济与贸易学院的资助，在此表示感谢。

任保显
2019 年 7 月